政治家の収支

鮫島 浩

SB新書
678

はじめに　政治家のお金は、どこから入り、どこへ消えているのか?

　自民党の派閥の政治資金パーティーをめぐって、紛糾した裏金事件。二〇二四年一月、安倍派（清和政策研究会）と二階派（志帥会《しすい》）については五年間で合わせて一〇億円近く、岸田派（宏池会《こうち》）については三年間で約三〇〇〇万円のパーティー収入が、政治資金収支報告書に不記載とされていたことから、国会議員や会計責任者などが逮捕・起訴される事態となりました。

「国民は高い税金に苦しんでいるのに、政治家は脱税で得たカネで贅沢《ぜいたく》をしている！」

　そういった国民の怒りを買ったことから、二〇二四年六月には改正政治資金規正法が成立。しかし、改正案には既に「抜け道」があることが指摘されています。

　今回の裏金事件が政治不信を招いたのは、動かし難い事実です。政治家の多くは一般庶民よりもはるかに豊かな暮らしを送っていますし、裏金を遊興費に充てて贅沢三昧《ざんまい》していた政治家がいるのも事実です。

けれども、長年政治記者として政治家を取材してきた身からすると「贅沢をするために脱税している」「金儲けのことしか考えていない」というタイプの政治家はむしろ少数派です。**政治家の目的を「贅沢」や「金儲け」と思い込むと、政治家の実像は見えてきません。**

この本を手に取ってくれた人も、「この人にこそ、政治家をやってほしい」と思うような、誰に対しても優しい人、人格の優れた人が、周りにひとりはいるのではないでしょうか。

しかし、その人は政治とは無縁な日常を生き、つつましい生活をしているはずです。そして、政治家になってほしい、と周りから懇願《こんがん》されても断るでしょう。ついつい乗せられて出馬したことがあったとしても、正気の沙汰《さた》とは思えない選挙活動に耐えられず、途中で辞退、もしくは落選して、「普通」の生活に戻っていると思います。

つまり、**皆が「この人に政治家をやってほしい」と思う人は、政治家にならない**のです。

では、いったい、どのような人が政治家になっているのでしょうか。

長年、政治家を取材してきましたが、政治家の特徴の一つに、皆、子どもの頃に英雄の伝記を読んでいることが挙げられます。

彼らは偉人にみずからを重ね、「いつかは自分もこの人みたいになる！」という思いを抱えて、育つのです。

普通の人は、その後に挫折を経験したり、現実を知ったりして、身の丈にあった人生を歩んでいきます。他方で政治家を志す人は、いつまでも子どもの頃の夢に引きずられているのです。

そんな人が、政治家（ここでは日本の国会議員を想定しますが）を目指すのは、総理大臣になるためです。「自分は裏方が適している」「私は陰の支え役だ」と公言する政治家もいますが、本心ではそんなことを思っていません。

彼らは権力のトップ・オブ・トップ、つまり総理大臣になることを夢見ているのです。そうでもない限り、炎天下で人前に出て、マイクを握って語りかけ、一人ひとりの手を握ってお願いに回ることなどできません。彼ら・彼女らは、普通の人には理解できない出世欲・権力欲を心の内に秘めているのです。

そして、政治家をこのような〝我々と違った生き物〟と捉《とら》えることで、初めて「政治とカネ」の実像が見えてきます。これが、長年、政治を取材してきた私の結論です。

では、なぜ政治家は違法行為に手を染めてまで、お金を欲するのでしょうか。

私たち国民は、お金をいわば贅沢をしたいために使います。お金持ちは、広い家に住み、ブランドものの洋服を身にまとい、高級外車を乗り回し、高層ビルの最上階で数万円はする高級フレンチに舌鼓を打ちます。

しかし、私が知る限り、多くの政治家は、そうではありません。テレビに映る政治家を見てください。身につけているものも、どこか野暮《やぼ》ったく、海外の高級ブランド品でもありません。おそらく皆さんのほうがオシャレです。また、普段から高級外車を乗り回す政治家もいません。多くの政治家は、高級とはいえない国産車に乗っています。

彼ら・彼女らは、贅沢な消費では自分のプライドを満たせません。むしろ、贅沢に無頓着です。

では、政治家はお金を何に使っているのか。大半は、出世欲・権力欲を満たすために使います。自己顕示欲が強い目立ちたがり屋であり、人を支配したい、皆を従わせたいという欲を満たすためにこそ、お金を使うのです。

「脱税をして贅沢をしている政治家は許せない」と怒る人ほど、政治家という職業を特別視し、徳のある人、道徳的に優れた人が政治家になっているはず、もしくは、そのような素晴らしい人格の持ち主が政治家になるべきだ、と強く願っているのだと思います。だからこそ、政治家が私腹を肥やすことに怒りが込み上げてくるのでしょう。

残念なことに、そのような人々が期待する「高潔な政治家」はほとんど存在しません。政治家の大半は出世欲や権力欲に取り憑《つ》かれた自分ファーストの生身の人間です。みずからの出世欲や権力欲を満たすために、お金を集め、惜しげもなく使うのです。

その結果、裏金事件、そして権力を得るために一票をお金で買うといった選挙での買収事件が起きるのです。政治家たちのこの本音を見抜くことが、「政治とカネ」の問題の本質に迫る第一歩です。

政治家が具体的にどのようにお金を得ているのか。また、得たお金をどのように使っているのか。詳しくは第1章以降に譲りますが、**「政治家は、出世欲・権力欲を満たすためにお金を使う」という視点を得るだけで、「政治とカネ」の実像、政治家とお金の関係が、**

非常にクリアに見えてきます。

本書は、「政治とカネ」についての解像度を上げることで、政治を見ていくという、政治学入門書です。

政治家という言葉は、一般的に現職の国会議員・地方議員の意味で使われています。しかし、広義の意味では知事や市長、副知事や副市長といった特別職公務員も政治家として認識されています。また、落選中でも当選を目指して政治活動を継続している人もいます。本書は主に現職の国会議員に多くの内容を割いていますが、これらの政治家にも言及しています。

そのため、特定の政治家・政党を応援・批判するといった趣旨では作られていません。特定の政治家・政党から一定の距離を置くことで、逆に支持政党にかかわらず読める本となることを意図しました。

加えて、支持政党がある政治に関心の高い人よりも、とくに支持政党はなく、テレビのニュース番組で政治に触れるくらいの無党派層にこそ、楽しく読める本を心がけました。

本書の構成を、簡単に説明します。

第1章は、政治家がどんなお金を、どれくらい得ているのか。つまり、政治家の収入の話を主にしていきます。

第2章は、政治家は得たお金を何に使っているのか。つまり、政治家のお金の使い道を主に明かしていきます。

第3章は、裏金事件を含む「政治とカネ」にまつわる事件について言及します。なぜ、このような事件がなくならないのか。政治家はどのような抜け道を利用しているのか。「政治とカネ」の事件の構造を、わかりやすく解説していきます。

第4章は、「政治とカネ」の問題を政治家の背中に隠れて助長してきた官僚とマスコミについてです。「政治とカネ」問題の根源を作り出す官僚の天下り、そしてそれを追及できないマスコミの話に触れていきます。

第5章は、海外で「政治とカネ」の問題はどうなっているのか。また、そのような海外事例を参考にしたうえで、政治不信を解消するために日本は何をすべきかを書き残しました。

政党・政治家が唱えるイデオロギーは、多種多様で複雑です。しかし、そういったイデオロギーがわからなくても、**「政治とカネ」の真相を知ることで、政治と民主主義に興味を持ち、理解することができます。**

回りくどいアプローチかもしれませんが、本書をそのような手引きの本として活用してくださることを、政治記者として切に願っています。

政治家の収支　目次

第2章 政治家の支出

第3章 「裏金」の作り方・使い方

第4章 「政治とカネ」の暗黒回廊に巣くう官僚とマスコミ……145

第5章 日本の金権政治はやめられるのか

第1章

政治家の収入

―国会議員のお金はどこからどれだけ入っているのか―

政治家には、三つのお金の通り道がある

政治家が得ているお金の流れは、非常に複雑です。そのため、政治家当人も、収入・支出といったすべてのお金の流れを逐一《ちくいち》チェックできているわけではありません。

「政治とカネ」の問題が繰り返されるのは、政治家がお金に対して貪欲だったり、無頓着だったりという理由もあるでしょうが、そもそもお金の流れが複雑で把握《はあく》できていない面もあるでしょう。

だからといって、使途不明金、杜撰《ずさん》な会計処理・報告が許されるわけではありません。なぜなら、国会議員に入るお金には、私たちが納めている税金が原資になっているものが多いからです。

国会議員には、大別してお金を得る道が三つあります。一つ目は、議員が個人として受け取るもの。二つ目は、所属する政党の政党支部を管理しているもの（支部長）として受け取るもの。三つ目は、政治家個人の資金管理団体などの政治団体として受け取るもの。

詳しくは後述しますが、二つ目と三つ目は、一つ目と区別されるお金ということを覚えておいてください。ここから先は、政治家個人が受け取るお金なのか、政党支部や資金管

理団体として受け取るお金なのかで、大きく変わってきます。

国会議員の給与明細――二〇〇〇万円を超える歳費の内訳――

国会議員も、一般的なサラリーマンの月給に相当する歳費と呼ばれる給与が支払われています。これは政治家個人が受け取るお金です。歳費は「国会議員の歳費、旅費及び手当等に関する法律」（歳費法）に定められています。二〇二四年九月現在、同法では、衆議院・参議院どちらも月額一二九万四〇〇〇円が支給されることになっています。日給（ひと月三〇日換算）にすると四万三一三三円。年収にすると、一五五二万八〇〇〇円です。ちなみに、税金などはかかりますから、それを引いたぶんが手取りとなります。

国会議員、とくに衆議院は解散によって月の途中で失職することもあります。二〇一〇年以前は歳費を月単位で支給していました。たとえば、一月一日に議員として在職していれば、その日に辞職してもひと月分の歳費が満額支給されていたのです。

そのため、過去には、不祥事を起こして辞任必至に追い込まれた議員は、月が変わるタイミングで辞職を願い出るケースもありました。こうした議員の態度は、歳費欲しさに時間稼ぎをしたと受け取られることも多く、国民から批判の声が向けられることも珍しくありません。時代遅れの法体系との指摘を受け、二〇一〇年一二月に議員歳費を日割り支給に変更する改正が行われました。

ちなみに、この改正によって、〝珍事〟が起きたこともあります。二〇一九年に実施された参議院議員選挙で立憲民主党の比例区に立候補した市井紗耶香《さやか》氏は、一歩及ばず、次点で落選しました。その後も彼女は参議院議員への挑戦を表明していましたが、二〇二二年にいったん政治活動から距離を置くことを宣言しています。

ところが、同じく二〇一九年の参院選で立憲民主党公認候補として比例区で当選した須藤元気議員が、二〇二四年四月に投開票の衆議院議員選挙の東京一五区補欠選挙に立候補したために参議院議員を退職（自動失職）。そのため、選挙から五年後に市井氏が繰り上げ当選するという事態が起きたのです。

須藤議員は事前から立候補する意思を表明していたので、市井氏が繰り上げ当選する可能性が報じられていました。一方、彼女は政治活動から距離を置いていたため、繰り上げ当選しても辞退する旨を表明していたのです。

しかし、制度として当選辞退はできないようになっていました。そのため、市井氏は繰り上げ当選して議員になってから、即日に辞職するという手続きを取っています。この経緯で、彼女は在職一日という扱いになり、一日分の歳費四万三一三三円と、この後に説明する調査研究広報滞在費三万三三三三円が日割り計算されて、計七万六四六六円が支給されることになったのです。(※1)

歳費法は毎月支給される歳費に加えて、年二回の期末手当も定めています。期末手当は会社員でいうところのボーナスに該当するものです。期末手当は基準日が六月一日と一二月一日になっているので、まさに夏・冬のボーナスといえます。こちらは金額の変動がありますが、二〇二四年夏の期末手当は三一八万九七一〇円でしたので、それを基準にすれば、夏・冬を合わせて約六三八万円になります。

国会議員は国会で法案を審議することが仕事ですが、国会外で現場を視察したり、業界団体から話を聞いたりすることも仕事の一部です。そのため、国会の本会議に欠席していても在職していれば職務をこなしていると考えられ、議員報酬は支給されます。国会を欠席しても議員報酬が減額されることはありません。

期末手当で少しややこしいのは、この六月一日と一二月一日が支給日ではなく基準日だということです。この基準日前一ヵ月以内に辞職や死亡をしても期末手当が支給されることになっています。

毎月支給される歳費が一五五二万八〇〇〇円、期末手当が約六三八万円で合計約二一九〇万八〇〇〇円。これが、二〇〇〇万円を超える歳費の内訳になります。

衆議院議員の任期は四年ですから、解散がなければ、一回当選すると八七〇〇万円以上を手にすることになります。そういう意味では、衆議院議員以上にお金の面で高待遇されているのが、参議院議員でしょう。任期は六年で、衆議院のように解散はありません。一回当選すると、約一億三一〇〇万円以上を手に入れられる計算です。

昨今は人手不足の折から各業界・企業で賃上げが相次いでいます。そうした社会的状況を鑑《かんが》み、二〇二三年に国家公務員特別職の改正給与法が可決しました。これにより、総理大臣は年間四六万円、閣僚は三二万円の給与アップになります。ただし、同法を成立させた岸田文雄《ふみお》内閣では、総理大臣と閣僚を含む政務三役（大臣・副大臣・政務官）は増額分全額を国庫に返納するとしています。(※2)

給料一〇〇万円アップより嬉しい？　「第二のお小遣い」旧文通費とは

　ここまで説明してきた歳費は、議員にとって月給とボーナスとなる収入です。しかし、国会議員は頻繁《ひんぱん》に自分の選挙区へ戻ります。永田町には「金帰火来《きんきからい》」「金帰月来《げつ》」という言葉があり、文字通り金曜日の夕方に選挙区（地方）へ行き、火曜日もしくは月曜日の朝に永田町（東京）へ戻ってくる国会議員の行動様式を表した四字熟語です。

　金曜日の夕方に永田町を発った政治家たちは、土曜日の朝から選挙区で催《もよお》されている祭りや会合、町内会の清掃活動や小中学校の運動会などに顔を出して、自分の顔と名前を売り込むとともに、人脈を広げていきます。

　東京生まれ、東京育ちの国会議員は多くなっています。選挙区が地方にあっても、地元のことをまったく知らない議員も珍しくありません。毎週土曜日に選挙区へ行き、さまざまな政治活動を通じて町内会長や小中学校のＰＴＡ会長などとの関係を深め、さらに市長とも懇意《こんい》になれば、それが票へとつながっていくのです。

　国会議員が永田町と地元の選挙区を往復するために、**多くの国会議員にはＪＲ全線の無料パス（特殊乗車券）が支給されています。**名刺大のこの無料パスは、在来線の鈍行だけではなく、特急や新幹線にも乗車できますし、新幹線のグリーン車にも乗ることができます。

また、**東京から離れた道府県を選挙区にしている国会議員は、代わりに航空機の無料パス**（**航空券引換証**）**を選ぶこともできます。**

こうした無料パスの支給だけでも十分に思えますが、国会議員は地方視察なども多いとされているため、それらの経費として使用できる調査研究広報滞在費（旧・文書通信交通滞在費［旧文通費］）が、歳費とは別に支給されます。この**旧文通費は、一九九三年から月一〇〇万円が支給される**ようになっています。議員個人に、月二回に分けて、支払われます。

旧文通費は、その名の通り文書（資料代）や通信費、交通費、滞在費（宿泊費）に充てがうお金です。一般の会社員なら経費ということになりますが、企業なら領収書を添付して経理担当者に渡して精算します。

しかし、旧文通費には、そうした決まりはありません。**領収書を提出する必要はない**ため、実質的には、何に使っても自由となっています。しかも、**名目は経費ですから、歳費と違い、所得税がかからない非課税**なのです。もし使わなければ、一〇〇万円を丸々非課税で得られることから、国会議員の「第二のお小遣い」と揶揄《やゆ》されることもあります。

一日在職しただけで一〇〇万円の支給

旧文通費は歳費のように日割り計算されることはありませんでした。たとえば、一二月三一日に議員になっても在職一日としてカウントされるので、一二月分の文通費一〇〇万円が満額支給されたのです。

二〇二一年に実施された衆議院議員選挙では、日本維新の会の公認候補として東京一区から小野泰輔《たいすけ》氏が出馬しました。小野氏は小選挙区で当選できませんでしたが、重複立候補していた比例で復活当選しました。

同衆院選は投開票日が一〇月三一日だったため、当選者は一〇月に一日だけ議員として在職したことになります。そのため、同選挙の当選者たちは全員が文通費の満額一〇〇万円を支給されています。これを疑問視した小野氏は、日本維新の会を通じて文通費のあり方について問題提起しました。(※3) これを機に議論が始まります。

小野氏の文通費に対する問題提起がなされると、併せて議員会館が無料で使えるオフィスであることも注目され、それに伴《ともな》って文通費の必要性についても問われることになりました。「文通費そのものは必要だけれども、月一〇〇万円という金額は妥当なのか？」「そもそも経費として支給されているのだから何に使ったのか不明なのはおかしい。領収書の提出を義務化するべき」「余った文通費は国庫に返納するべき」といった意見が噴出しました。

こうした指摘は、おおむね正鵠《せいこく》を射《い》ています。しかし、議員の会報を支持者に郵送する費用もかかります。郵送代を一通一一〇円とすれば、一万人の選挙区民に配布すると仮定したら、一一〇万円が費消《ひしょう》される計算になります。これだけで旧文通費一〇〇万円をオーバーしてしまうのです。これらに加え、国会答弁をするために必要な資料や書籍を買い足すこともあるでしょう。

国会議員は、真面目に仕事をすればするほど、費用が莫大《ばくだい》にかかる仕事です。しかし、文通費に対する国民の批判は厳しく、議論を受け、歳費法が二〇二二年四月に改正されました。それに伴い、文通費は調査研究広報滞在費へと名称を変更し、支給額の算出も日割り計算へと変更されたのです。先述の在職一日の市井紗耶香氏が旧文通費を日割りで受け取ることになったのは、この法改正の結果です。

しかし、「月一〇〇万円支給」や「領収書の提出は必要なし」といった内容に変更はありませんでした。

月六五万円の「第三のお小遣い」立法事務費は何に使われるのか

歳費や旧文通費以外にも、国会議員には、**立法事務費と呼ばれる月六五万円も支給されるお金**があります。法律では、「国会議員の立法に関する調査研究の推進に資するため必要な経費の一部」とされており、**経費のため、旧文通費と同じく、非課税**となっています。

ただし、立法事務費は歳費や旧文通費とは異なり、議員個人に支給されません。原則的に、その議員が所属する各会派の政治団体に支給されています。

ここで、会派という聞き慣れない言葉が出てきたので、簡単に説明します。私たち有権者は選挙において議員個人の政策に耳を傾け、そしてその人となりを見て投票するか否かの判断をする人が多いでしょう。しかし、それ以外に、政党を判断指標にしている人もいます。「〇〇党は自分の考えに近い政策を掲げている」とか「××党は党首の主義主張に

図表1

参議院の会派別の所属議員数（2023年12月13日現在）

会派	所属議員数
自由民主党	117
立憲民主・社民	40
公明党	27
日本維新の会	20
国民民主党・新緑風会	12
日本共産党	11
れいわ新選組	5
沖縄の風	2
NHKから国民を守る党	2
各派に属しない議員	11

（参考：参議院[ウェブ]URL=https://www.sangiin.go.jp/japanese/giin/old_kaiha/212kaiha.htm）

衆議院の会派別の所属議員数（2024年9月19日現在）

会派	所属議員数
自由民主党・無所属の会	258
立憲民主党・無所属	99
日本維新の会・教育無償化を実現する会	45
公明党	32
日本共産党	10
国民民主党・無所属クラブ	7
有志の会	4
れいわ新選組	3
無所属	7

（参考：衆議院[ウェブ]URL=https://www.shugiin.go.jp/Internet/itdb_annai.nsf/html/statics/shiryo/kaiha_m.htm）

共感できるから投票する」といった感じです。

選挙は、議員の個人間で戦うこともありますが、政党間の戦いでもあります。しかし、それはあくまでも選挙の話です。

国会内では同じ政党でも、衆議院と参議院では別々に法案を審議しています。国会内では仲間として協力することができないのです。そこで、同じ政治思想・主義主張を伴う会派と呼ばれるグループを形成し、会派単位で協力・連携します。

図表1を見てください。二〇二三年一二月一三日時点の参議院でいえば、最大

会派は自由民主党で一一七名、次いで立憲民主・社民の四〇名です。

　これを見ると、立憲民主党と社会民主党は別々の政党ですが、参議院では連帯する同志といえます。なぜ、違う政党に所属する議員が会派を組んでいるのかといいますと、少しでも院内での発言力を高めることが目的です。

　衆議院でいえば、二〇二四年九月一九日時点で最大会派は自由民主党・無所属の会の二五八名、次いで立憲民主党・無所属の九九名です。

　会派は衆・参両議院で別々に結成される国会を戦う連携組織といえますが、会派の成立要件として二人以上と定められています。しかし、一人でも、所属する政党が政治資金規正法上の政治団体に該当する場合、会派として申請できます。たとえば、二〇二四年六月、衆院議院運営委員会は、同年四月に自由民主党を離党した塩谷立《しおのやりゅう》議員が一人会派「未来政治経済研究会」を結成したことについて、与党の賛成多数で了承。月六五万円の立法事務費が支給されることとなりました。(※4)

　また、**立法事務費は、使途の公開が義務付けされていないこともあり、何に使われているかは不明**です。実質は、政党本部に入った後には、政策スタッフの人件費や調査経費ではなく、党の運営経費や所属議員への「もち代」（五二頁参照）などに充てられていることが指摘されてきました。[※5] また、会派のリーダーが立法事務費を独り占めにしたことで、会派所属の議員から不満が爆発し、それを理由に会派が分裂したこともあります。

首相と議長、高給取りはどっち?

先ほど、国会議員の給与について触れましたが、それではトップはどのぐらいの給与を得ているのでしょうか。

国会議員のトップは、首相と思われがちですが、首相はあくまでも行政府の長です。国会のトップは衆議院・参議院の議長になります。衆・参両議院には、それぞれ議長と副議長がいます。原則的に、議長は与党の最大会派から、副議長は野党の最大会派からそれぞれ選出することが暗黙のルールになっています。

衆・参両議院の議長は立法府の長であり、三権の長でもあります。そのため、衆・参議長には首相と同じように公邸が充てがわれます。また、議長・副議長は一般の国会議員より多額の歳費が支給されます。**衆・参両議院の議長の月給は二一七万円。年二回の期末手当は、衆・参両議院の議長は約一〇七〇万円。年収にすると約三六七四万円**になります。

それでは、行政府の長である首相の給与はどのぐらいなのでしょうか。二〇二三年一一月に改正給与法が成立して、**首相の月給は六〇〇〇円増額されて二〇一万六〇〇〇円**になりました。それに連動して**年二回の期末手当も〇・一ヵ月分増額されて一一五八万円。役職の加算や手当なども含めると、年収は四六万円引き上げられて、四〇六一万円**になりました。閣僚も同じく同法によって給与が三二万円引き上げられ、年収にすると同二九六一万円となっています。ただし、行政改革の一環で、首相は年収の三割、閣僚は二割を自主返納しました。そのため、実際は首相が二八四三万円、閣僚は二三六九万円です。[※6、7]

行政府の長である首相と、国会のトップの議長。どちらも高給取りですが、額面では首相に、実際の額では議長に軍配が上がります。

東京の一等地のマンションに格安で住める

国会議員は給与面で優遇されていると思われていますが、ほかにも優遇されていることがあります。

たとえば、先述した議員会館。議員会館は国会議員におけるオフィスです。

国会議員は、自身の選挙区にも最低一つは事務所を構えています。大物議員になると、東京に一つ、地元の都道府県庁所在地に一つ、地元に一つといった具合に、複数の事務所を構えているケースもあります。

そうした個人の事務所ではなく、国会議員がスムーズな議員活動を送れるようにとの配慮から、議員会館という公的な事務所が無料で貸与《たいよ》されています。

議員会館は、国会法にも「議員の職務の遂行《すいこう》の便に供《きょう》するため」「各議員に事務室を提供する」と定められています。議員会館は、衆議院の第一会館と第二会館、参議院会館の三棟《とう》あります。場所は国会正面の裏側、つまり国会議事堂の西隣です。最寄駅は東京メトロ丸ノ内線・千代田線の国会議事堂前駅、有楽町線・半蔵門線・南北線の永田町駅、銀座線・丸ノ内線の赤坂見附駅で、アクセスも抜群です。

これら三棟の議員会館は二〇一〇年に新しく建て替えられ、各議員が移転作業を完了させた後に旧議員会館が取り壊されています。旧議員会館は一九六三年から一九六五年に竣《しゅん》工《こう》しましたが、四〇年以上が経過して建物の老朽《ろうきゅう》化が目立ち始めていました。また、旧議員会館が建設された当時と比べてセキュリティや情報化、バリアフリー、環境問題といった時代の変化に対応できていない部分も多々ありました。

そうした事情から新しい議員会館へと建て替えることになり、新議員会館の議員事務室は旧議員会館の約二・五倍にあたる約一〇〇平米と広くなり、その間取りは議員室・応接室・秘書室・待合スペース・給湯スペースで構成されています。[※8]もし民間のオフィスビルでしたら、月々の家賃は一〇〇万円を下らないでしょう。

そのほか、国会議員には議員宿舎と呼ばれる住居もあります。これは東京二三区に自宅の不動産を所有している議員は利用できません。東京都内で借家住まいの議員は、入居する権利があります。

議員宿舎は衆議院が新赤坂宿舎（港区赤坂）と青山宿舎（港区六本木）の二ヵ所、参議院が新清水谷《しみずだに》宿舎（千代田区紀尾井町）と麹町《こうじまち》宿舎（千代田区麹町）の二ヵ所。議員宿舎は各部屋で間取りや広さが異なり、食堂や駐車場といった設備も違っています。そのため、二〇二三年四月時点で、家賃も月八万円台（麹町宿舎の2LDKで七五平米）や一二万円台（赤坂宿舎の3LDKで八二平米）など幅はありますが、いずれにしても東京の一等地であることを考慮すると、破格の家賃であることは間違いありません。[※9]議員宿舎の家賃は、公務遂行に必要という名目があるとはいえ、庶民感覚から離れ過ぎていることもあり、たびたび批判の対象になってきました。以前、議員宿舎に居住せず、自身で探した賃貸アパート

に住んでいた河村たかし議員は、「もはや議員ではなく貴族」と批判しています。(※10)

むろん、これら議員宿舎の維持費も当然ながら、私たちの血税で賄《まかな》われています。各議員宿舎から国会議事堂までは徒歩だと少し遠く感じますが、それでも歩いていける距離です。しかし、多くの議員は自動車で移動しています。

議員宿舎という名称なので議員本人しか住むことができないと思われがちですが、議員の家族も居住することができます。岸田文雄議員も首相就任前は家族と住んでいたことがあります。

政治家でいちばん稼いでいる人はどれくらい稼いでいるのか？

政治家は、歳費だけでなく、皆さんのように、別で収入を得ている人もいます。実業家として役員報酬を受けていたり、会社から給与をもらっていたり、株・不動産の配当・売却で利益を出していたりするのです。

たとえば、二〇二三年に衆・参両議院の国会議員の中で、もっとも個人の所得が高かったのは、自民党の中西健治衆院議員の七億四六七九万円でした。二位は、父に鳩山邦夫《くにお》氏を持つ自民党の鳩山二郎衆院議員で四億一七〇一万円です。中西議員は、ＪＰモルガン証券の元副社長であり、保有株式の売却益が五億九六八四万円、株の配当金が一億二五六八万円あったといい、鳩山議員は非上場株式の売却益などで三億九七二〇万円あったといいます。同じく与党・自民党の総裁だった岸田文雄氏の個人の所得が三八七五万円ですから、両議員の所得がいかに多いか、わかるかと思います。(※11)

こういった収入以外に、講演料を稼ぐ人もいます。講演料には、相場となる指標はありません。不透明な部分が多く、国会議員に講演を頼む場合は、その筋に詳しい人を介在させることが一般的です。仲介者は一人とは限らず、何人も経由して国会議員にようやく話が届くケースもあります。その仲介者が中間搾取《さくしゅ》をしている可能性もあるので、ますます国会議員の講演料の相場は把握しづらくなっています。

汚職事件で逮捕されたある議員は、中国企業が開催したＩＲに関する講演で、一回五〇万円の講演料を提示されました。しかし、その議員がＩＲ担当の副大臣に就任したことで、講演料は二〇〇万円にアップされたようです。(※12)この講演料は実質的には賄賂《わいろ》と見なされ、議員が逮捕される事態となりました。

国会議員がこのような講演料を個人で受け取った際は、所得等報告書へ「雑所得」としての記載が義務付けられています。

また、講演した際、講演料を支払ってもらう代わりに、みずからの政治団体が主催する政治資金パーティーの券をまとめて買ってもらうなどの〝バーター〟が行われることもあるようです。政治資金パーティーの件は、後述します。

給料ランキング一位の首長と、ワースト一位の首長

ここまで国会議員の、主に個人に対してのお金の入りについて見てきました。しかし、政治家と呼ばれる人たちは国会議員に限りません。県会議員、市議会議員などの地方議員もいます。また、知事や市長、いわゆる首長と呼ばれる人たちも選挙で選ばれているので、彼らを政治家と呼んでも差し支えありません。

知事や市長の存在感が注目されるようになるのは、二〇〇〇年以降です。それまでの地方自治体には、都道府県や市町村を国の下部機関として国の事務を委任・執行させる機関委任事務という仕組みがありました。国は都道府県や市町村の上位機関という位置付けでした。

二〇〇〇年に地方分権一括法が施行《しこう》されると、機関委任事務は廃止されて地方自治体の仕事は新たに法定受託事務と自治事務に区別されました。そして、国と地方自治体が対等な関係になったと位置付けられたのです。

これはあくまでも建前の話で、現在も実質的に国が上、地方自治体が下という構図に変わりはありません。それでも条文では明確に国と地方が対等であると示されたことは大きいものがあります。

そんな知事職・市長職の給与は、どうやって支給額が決められているのか。知事・市長の給与は、当該自治体の条例に基づいて算出されています。つまり、知事や市長の給与を決めているのは、役所と議会ということになります。

それでは、どうやって役所と議会は知事や市長の給与を決めているのか。これは、同規模の自治体を参考にして決められているといわれています。前例主義を是とするお役所らしい話ですが、最近は首長や議会から自分たちの給与を率先して減額する条例を提出することもあり、これまでの横並び意識は消えつつあり、それこそ都道府県や市町村によって首長・議員の給与は大きく異なるようになっています。

二〇二三年の「地方公務員給与実態調査」によれば、もっとも高い給与をもらっていた首長は横浜市長の一五九万九〇〇〇円で、次いで二位が神奈川県知事の一四五万円となっています。

県知事よりも市長の給与が高いことに驚かれる人もいるかもしれません。しかし、横浜市は神奈川県と同レベルの権限を持つ自治体で、人口も三七七万一〇六三人（二〇二四年一〇月一日）と市町村では日本一です。それだけに、神奈川県知事よりも影響力のある政治家と位置付けられ得るので、神奈川県知事よりも高い給与が支払われていても不思議ではありません。

ちなみに、東京都知事は二〇一六年に給与を五〇％カットする条例が可決されたために、年間の給与は約二八九六万円から約一四四八万円になりました。これは都議会議員の約一七〇八万円（当時）を下回ります。二〇二四年現在も、月給は七二万八〇〇〇円と、全国四七都道府県の知事の中でも最下位のままです。(※13、14)

また、政令指定都市ですと、河村たかし氏が二〇〇九年に名古屋市長選に当選した際、年収を八〇〇万円にする減額条例を通し、月給五〇万円と、最下位でした。

民間企業なら企業の業績によって給与が連動することもありそうですが、知事・市長の業績は一つのモノサシで測ることはできず、簡単に給与を業績に連動させることができません。人口が増えた、出生率が上がった、行政改革で支出を削減した、大企業を誘致して雇用を増やした、ふるさと納税額を増やしたなどと、自分の実績を語る首長もいますが、だからといって、給与を上げようという話にはなりません。逆に、災害対応でミスをした、国とのパイプを活かしきれずに大企業が誘致できなかった、教育環境を整備しなかった、出生率が低下した、無駄なハコモノを建設したなどと、負の部分が目立っても、給与を減額することは難しいのです。

政治家個人の財布と、政治資金の財布は別

「政治とカネ」を語るうえで、よく混同されるのが政治家個人のお金と、政治家が管理している政治団体や政党支部のお金の違いです。

ここまで紹介した年二回の期末手当を含む歳費、調査研究広報滞在費（旧文通費）は政治家個人へ入るお金です。以降は、主に、政治団体や政党支部に入るお金について、説明したいと思います。

その説明をするために、二〇二三年から二〇二四年にかけて話題になった政治資金パー

ティー収入の裏金問題の話を、簡単に触れたいと思います。というのも、この問題でも、政治家個人が受け取ったお金なのか、政治家が管理する政治団体が受け取ったお金なのかが、曖昧《あいまい》となっていたからです。

もし、派閥の政治団体から、政治資金パーティー収入のキックバックを、政治家個人が寄付として受け取っていたとすれば、これは違法行為です。**政治資金規正法上、政治家個人は寄付を受けてはいけないからです。寄付はすべて政治団体が受けるとして定められています。**政治団体がお金を受け取り、それを議員の政治活動に使う。**その代わり、政治団体はお金の出し入れを政治団体の政治資金収支報告書にすべて記載し、公開しなければなりません。**ただし、政治団体が受け取った以上、この収支報告書に記入しないと「不記載」という違法行為になります。寄付の総量や一人あたりの上限といった規制はあるのですが、規制の範囲内でなら、政治団体が献金を受け取ってもいいとされています。

くだんの裏金問題のお金について、ある議員は「金庫にしまっていました」、別の議員は「引き出しにしまっていて忘れていました」とそれぞれ弁明しました。しかし、そのお金が政治家個人でもらったのか、政治家が管理する政治団体がもらったのかをはっきりさせませんでした。これは、個人がもらったなら、もらった時点で違法行為ですし、政治団体がもらったのなら、政治資金収支報告書に書いてないことが違法行為にあたるからでしょう。

そこで、こうしたケースでは、**政治団体がもらっていたが、政治資金収支報告書に記載していなかった、という言い訳がたびたび使われてきました。**政治団体の代表は議員ですが、会計責任は秘書など別の人が担当しています。議員は「会計責任者が書き忘れた」という理由で、責任を逃れるのです。

結局、会計責任者だけが罪を問われるという、理不尽な構図になっており、政治資金パーティー収入の裏金問題も、ほぼそのようになりました。

寄付で成り立つ政治資金

政治家が、合法的に政治資金を捻出《ねんしゅつ》する一つの方法が、寄付を受けることです。政治活動への寄付は、自身が代表を務める政党支部や、自身の資金管理団体や後援会といった政治団体であれば、受け皿になれます。

図表2は、寄付の総枠制限と個別制限になります。

図表2

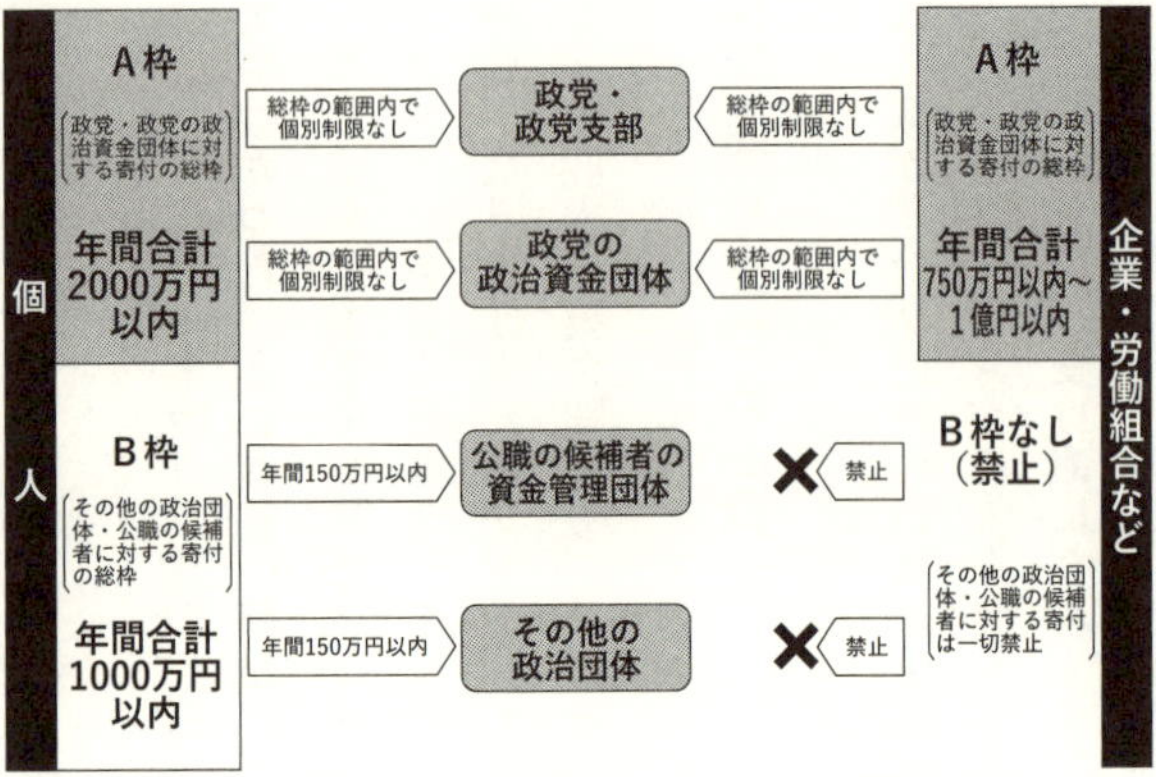

※個人からの寄付のうち、公職の候補者が自身の資金管理団体に対してするもの及び遺贈によるものについては、特例がある。

個人からは、政党や政党支部、政党が指定する政治資金団体に対しては、年間総計二〇〇〇万円以内の寄付が可能です。たとえば、Aさんが、政党の立憲民主党と日本維新の会、自民党の政治資金団体・国民政治協会と国民民主党の同・国民改革懇話会に、それぞれ五〇〇万円を寄付することが可能です。

　個人から、公職の候補者が指定する資金管理団体や、それ以外の後援会などの政治団体に対しては、年間総計一〇〇〇万円以内の寄付が可能です。ただし、資金管理団体、「その他の政治団体」については、それぞれ個別に年間一五〇万円以内という上限もついています。たとえば、Aさんが、政治家Bさん・政治家Cさん・政治家Dさん・政治家Eさんの資金管理団体にそれぞれ一五〇万円、政治家Dさん・政治家Eさん・政治家Fさん・政治家Gさんの後援会にもそれぞれ一〇〇万円を寄付することが可能です。

ちなみに、政治家個人の歳費や収入・預貯金を、自身が代表を務める政党支部や自身の資金管理団体に寄付することもできます。その際、**政党支部を含む政党へ寄付した場合は、寄付額の約三割が税額控除されるか、課税対象の所得総額から寄付分が差し引かれるという、税控除の仕組みも使えます。**資金管理団体や自身の後援会に寄付した場合は、この税優遇は受けられません。

政治家ではない一般の方が、寄付して税控除を受けられることは理解されますが、政治家が自身が代表を務める政党支部に寄付して税控除を受けるのは、「制度の悪用」と指摘する声が根強くあります。(※15)

政治家が自身の資金管理団体に寄付する場合は、税優遇はないのですが、先に挙げた個別制限の一五〇万円が取り払われます。総枠制限の年間一〇〇〇万円までの寄付が可能になります。たとえば、政治家Bさんが、自身の資金管理団体に八〇〇万円、自身の後援会に一五〇万円、懇意にしている政治家Cさんの後援会に五〇万円を寄付することが可能なのです。

また、**企業や労働組合などの団体からは、政治家個人の資金管理団体やそれ以外の政治団体への寄付は禁止されています。しかし、政党・政党支部、政党が指定する政治資金団体であれば、寄付することができます。**資本金や組合員の数で金額が変わりますが、年間七五〇万円から一億円の寄付が合法的にできるのです。

さらに政治団体から政治団体への寄付もできますが、これは第2章、第3章で触れます。

政治家個人に寄付できる〝例外〟とは

政治家個人に対する寄付の制限は厳しいのですが、例外が二つ存在します。

一つは、**政治家個人への寄付でも、「選挙運動」に関するものは例外になっている**ことです。国会議員などの公職の候補者個人に対しては、**年間一五〇万円以内なら金銭による寄付も可能**です。これが俗に「陣中見舞い」といわれるものです。簡単にいえば、選挙の際に出すお金を指します。これは、「選挙運動費用収支報告書」で報告され、公開されます。

もう一つが、**政党支部含む政党から政治家個人への寄付が認められている**ことです。議員個人が政党から受け取る「政策活動費」「組織活動費」が、それに該当します。この場合、**支払った政党の政治資金収支報告書には額や支払い先の議員名などを記載する義務がありますが、受け取った側は、議員個人が受け取るため、政治団体ではないですから、収支報告書への記載義務がありません**。これは合法的な裏金システムであるという疑惑があります。こちらは、本章でも後述しますが、第3章でも説明します。

毎年三〇〇億円を超える税金が使われる政党助成金

国会議員に限らず、知事・市長や県・市議会議員といった政治家は給与として手にしているお金のほかに、政治活動に必要なお金を調達しなければ、政治活動を継続することができません。会社員でいえば経費にあたる部分ですが、そういった経費をどうやって捻出しているのか。これまでに説明してきたように、国会議員は、歳費とは別に、旧文通費や立法事務費など、さまざまな名目で税金が個人に対して充てられていました。

また、国から政党に対しては、政党交付金（政党助成金）と呼ばれる活動資金が支給されています。第3章で触れますが、一九八〇年代から一九九〇年代にかけて、政治家と企業の間の金権スキャンダルが多発した際、政治にお金がかかりすぎることが問題視されました。そこで、政党が税金で運営できれば、企業献金や団体献金といったものに頼らず、特定の企業や団体との癒着《ゆちゃく》を防げ、政党が健全に政治活動できる、ということで、政党助成金が新たに創設されたのです。国が政治活動の原資を保障することで、政治活動の公明と公正の確保を図り、民主政治の健全な発展に寄与する、という建前です。

　赤ちゃんを含む国民一人あたり二五〇円分の税金が投入され、毎年三〇〇億円を越すお金が政党に割り振られています。二〇二四年度における総額は三一五億三六〇〇万円（一〇〇万円以下は切り捨て。二〇二四年四月一日時点）。そのうち与党第一党の自民党は一六〇億五三〇〇万円（同）、野党第一党の立憲民主党は六八億三五〇〇万円（同）となっており、[※16]大政党ほど政党助成金が多く支給されています（図表3）。**政党本部に入った政党助成金は、政党で働く職員の人件費や事務所の家賃に使われますが、所属議員が代表を務める政党支部にも、寄付の形で流れていきます。**

　政党助成金は政党に支給される活動資金なので、無所属議員には支給されません。政党に所属することは、活動資金面でも保障されることを意味し、活動資金が保障されること

図表3　各党が受け取った政党助成金（2024年度）

自民党	160億5300万円
立憲民主党	68億3500万円
日本維新の会	33億9400万円
公明党	29億800万円
国民民主党	11億1900万円
れいわ新選組	6億2900万円
社民党	2億8800万円
参政党	1億8900万円
教育無償化を実現する会	1億1800万円

（100万円以下は切り捨て。2024年4月1日時点）

で国会議員たちは「金儲け」を気にすることなく政治活動に専念できる、という建前になっています。

通常なら毎年一月一日を基準日として年四回に分けて支給されますが、政党に所属する議員数・選挙の得票数に応じて支給額が異なるので、衆議院選挙・参議院選挙が実施された年は、選挙後に選挙基準日が設けられて、以降の交付額を改めて算定します。

同制度は一九九五年に創設されて三〇年ほどとなりますが、自分が支持しているわけでもない政党に対しても自分の税金が充てがわれることになるため、たびたび憲法が保障する「思想信条の自由」に違反しているとの指摘がなされてきました。(※17)日本共産党は、政党助成金の存在理由が憲法違反だとして、政党助成金の交付を申請しておらず、受け取っていません。

政治家にとっても政党助成金は死活問題

政党には政党助成金が支給される仕組みになっていますが、だからといって誰でも政党を結党して政党助成金を受け取れるわけではありません。政党助成金を受け取るには、政党助成法が定める政党要件を満たす必要があります。

一つは、衆・参の国会議員が五人以上いること、という条件です。これは、ひと目でわかる基準です。たとえば衆・参で四人しか国会議員がいない政党は、政党助成金を支給されません。一人足りないだけで本来なら年間で数億円が支給されるはずなのに、それがゼロになるわけです。

もう一つは、所属国会議員が一人以上で、前回衆院選の選挙区または比例代表、前回もしくは前々回の参院選で選挙区または比例代表の得票率が二％以上になる、という条件です。

国会議員にとって、政党要件を満たすことは、所属の政党が政党助成金を得られるか否かという死活問題です。自分が所属している政党に不満があっても、飛び出して新党を旗揚げする動きがなかなか出ないことは、政党助成法が定める政党要件が満たせずに政党助成金を受け取れないからという事情も関係しているでしょう。

「企業・団体献金」にも依存する政治家たち

政党助成金制度は私たちの税金が原資になっていますが、前述したように、制度創設から事あるごとに「憲法違反」の指摘がされてきました。それだけではありません。企業・団体からの献金依存から脱却するために、政党助成金を創設する、という議論をしていたはずなのに、**現状では、企業・団体献金が温存されたまま、政党助成金も受け取れるという「二重取り」の状態になっている**のです。

これは、政治家自身もおかしいと思っている人がおり、自民党の大物議員であり、「政治とカネ」の事件で逮捕された金丸信《かねまるしん》氏ですら、政党助成金のことを「盗人《ぬすっと》に追い銭になる」と批判するほどでした。

では、どんな企業・団体献金が行われているのか。与党は政治を動かす立場にあることから、企業や団体の献金が集まりやすいことは、誰でも想像できます。与党第一党の自民党の政治資金団体・国民政治協会は、日本医師連盟、日本自動車工業会、日本電気工業会、日本鉄鋼連盟など、数々の業界団体から献金を受けています。[※18] 一般企業でいえば、住友化学、トヨタ自動車、日立製作所、キヤノンなど、有名企業が名を連ねます。[※19]

なお、業界団体が、その関係者の政治家や、政治家の後援会を金銭面で支援することもよくあります。たとえば、四国電力労働組合政治連盟は、四国電力労組の関係者である徳島市議会議員、高知市議会議員、高松市議会議員、松山市議会議員の後援会に、それぞれ数百万円を献金していました。[※20]

このような企業や団体の献金は、政党や政治家の活動を支える一方、政党や政治家が企業・団体献金に依存する危険性を孕《はら》んでいます。政党・政治家が、一般国民の声を聞かず、業界団体や企業の代弁者となってしまえば、民主主義を歪《ゆが》めることになりかねません。

派閥が出す「もち代」「氷代」とは

政治の世界には、**「もち代」「氷代」という、派閥の政治団体が季節ごとにお歳暮・お中元みたいに所属議員にお金を配る風習がある**ことも触れておかねばなりません。もち代は正月だから冬に渡します。氷代は夏に渡します。つまり、夏と冬の年二回、慣例的に派閥が、所属する国会議員の政治団体にお金を寄付するのです。金額は一〇〇万円から四〇〇万円程度が相場です。派閥の政治団体の収支報告書を見ると、所属議員の政治団体に寄付・交付金として渡されたことが記載されており、受け取った議員の政治団体も収支報告書に記載することになります。

そして、この**もち代・氷代は、派閥からだけでなく、政党から配られることもあります**。過去には、幹事長が各議員を呼び出し、直接現金を手渡していましたが、その後、その議員が支部長を務める政党支部などの銀行口座に振り込まれる形になりました。(※21) この場合は、政党から議員の政党支部などに寄付が行われ、寄付した側もされた側も、やはり政治資金収支報告書に記載する義務があります。

しかし、もち代・氷代が、政党から議員「個人」が受け取る「政策活動費」「組織対策費」とされることもありました。(※22) この場合のもち代・氷代は、支払った政党の政治資金収支報告書には支払い先を記載する義務があり、議員の個人名と金額が記載されます。しかし、受け取った議員個人は、自身の政治団体で受け取ったわけではないですから、収支報告書への記載義務はなく、使途を明かす必要もありません。

もち代・氷代は、国会議員が地元の県議や市議との関係を強化するために配るという慣習も存在します。[※23] この場合は、それぞれの政治団体同士のお金のやり取りとなれば、政治資金収支報告書に記載されます。このお金が買収だったとされ、議員が逮捕される事件も過去にありました。しかし、政党から国会議員に配られた、使途を明かされない政策活動費がそのまま流用される際は、国会議員、県会議員両者の政治団体の収支報告書に記載されない「裏金」になることがあります。

政治家の給与明細に載らない「政策活動費」「組織対策費」

政治家個人に対する寄付については厳しく制限されているものの、例外的に「選挙運動」に関するものと、政策活動費、組織対策費などと称する政党による寄付は認められていました。

この政策活動費は政党・政党支部から政治家個人に渡すお金で、その使途は公開する義務がありません。そのため、政策活動費はブラックボックスといわれてきました。さらに、**政策活動費は非課税の扱い**になっているのです。もちろん、政治家の給与明細にも載りません。

やっかいなのは、政党から、党の幹事長など要職を務める政治家に政策活動費が支払われたら、その政治家の名前は政党の収支報告書に載るのですが、その政治家が受け取った政策活動費を何に使ったかの報告をしなくてもいいことになっていることです。

たとえば、その有力政治家から、そのお金をもち代・氷代として党の所属議員個人に手渡す。その際、幹事長であれば、派閥の長にまとめて一義的に渡してから、さらに派閥の議員たちに、個別に手渡す場合もあるでしょう。過去には、議員が海外視察に出かけるときにも、幹事長から「餞別《せんべつ》」と称して、政策活動費を渡すという慣習がありました。[※24] これらのお金は、どの収支報告書にも記載されないものになるのです。

政策活動費の大半は、幹事長に渡されてきました。自民党の幹事長には毎年数億円から一〇億円程度が支給されてきたのです。このお金を自由に差配できることが、幹事長の政治力の源泉になってきました。

寄付とは別？　政治資金パーティーでお金を集める政治家たち

政治家たちは、政治資金規正法で認められている政治資金パーティーを開催して、政治資金を集めることもあります。

政治資金パーティーとは、政治家の資金管理団体や後援会といった政治団体、支部長を務める政党支部が主催し、支援者などを会場に集めて講演などを実施、その後に懇談会《こんだん》と称して飲食するイベントです。たいていの政治資金パーティーは参加費二万円の設定ですが、近年は不景気という社会的環境もあって参加費一万円の政治資金パーティーも増えています。

政治資金パーティーで、政治家はどうやって政治資金を稼いでいるのか。それは、パーティー券の代金と提供される飲食費の差額によって利益を得ています。

たとえば、一枚二万円のパーティー券を販売して、実際のパーティーで一人あたり五〇〇〇円分の経費を使うとします。これだと、一枚パーティー券を販売して粗利《あらり》は一万五〇〇〇円。一〇〇人参加のパーティーなら、一五〇万円の利益になります。

場所代や提供される料理代を節約すれば、粗利はもっと増えます。しかし、場所が会議室で、提供される料理がショボすぎると「ケチな政治家」との印象を残し、「あの人に何かを頼んでも、大したメリットはなさそうだ」と支持を失い、逆効果になることも。こうした利益と支持拡大とのバランスを見ながらパーティーを差配するのは、熟練秘書の仕事とされています。

一〇〇〇万円を超えるお金を集める「特定政治資金パーティー」とは

政治資金規正法で認められた政治資金パーティーのうち、その対価にかかる収入が一回一〇〇〇万円以上の政治資金パーティーを「特定パーティー」と呼びます。特定パーティーを開催するためには、まず大規模な会場を押さえなければなりませんが、そこに参加してもらうためには政治家個人の知名度などが重要です。

そのため、特定パーティーを開催できるのは現職の総理大臣や閣僚、幹事長といった大物政治家がほとんどです。共同通信によれば、二〇二二年に開催された特定パーティーの収入は合計五二億円に達し、その九割が与党である自民党議員によるものでした。(※25)

たとえば、当時首相だった岸田文雄氏の場合、二〇二二年四月二七日、東京のＡＮＡインターコンチネンタルホテル東京で開かれた「第四〇回衆議院議員岸田文雄と国政を語る会」では、一〇〇〇者からお金を集め、三三一二万円の収入を得ています。(※26)

さらに、一回で一億円以上を稼ぎ出す派閥主催の特定パーティーもあります。たとえば、自民党の二階派といわれた派閥「志帥会《しすい》」の場合、二〇二二年五月一六日、東京のホテルニューオータニで開かれた「志帥会と同志の集い」では、七五三八者からお金を集め、二億一二〇九万円の収入を得ています。(※27)

政治家だけが知っている！　相続税を取られない相続の〝賢い〟やり方

政治家が持つ政治団体は、多くの収入がある一方で、それらはあくまで政治資金ですから、所得税が課税されません。

また、**政治団体の名義変更をすることで、相続税や贈与税を課税されることなく、息子や娘などへと政治資金を引き継ぐこともできます。**莫大な資金がプールされている政治団体を親から引き継げば、一年目の新人議員でも選挙戦を有利に戦うことができ、政治活動で金策に困ることもありません。

こうした政治団体を利用した資産の継承は横行しており、政界では世襲議員が選挙戦などで圧倒的有利になっているのが現状です。この優遇策が二世・三世議員が増える大きな要因になっています。

二〇二二年に死去した故・安倍晋三《しんぞう》元首相の政治団体「晋和会」と代表を務める「自民党山口県第四選挙区支部」は、没後に妻の昭恵氏が引き継ぎました。これが非課税で継承されたことで、大きな注目を集めました。(※28)その後、この晋和会に、先の政党支部を含む安倍晋三氏の五つの関係政治団体から計二億一四七〇万円が寄付されていたことが、公表された政治資金収支報告書などから発覚します。(※29)昭恵氏は議員だった過去はありません。さらに、二〇二四年一〇月現在、政界進出の話も出ていません。

晋和会はもともとは安倍晋三元首相の父である故・安倍晋太郎議員が設立した政治団体(緑晋会)でした。つまり、三代にわたって引き継がれてきたのです。

野党第一党の立憲民主党は、世襲政治からの脱却を掲げて政治団体を配偶者や三親等以内の親族が引き継ぐことを禁止する法案を検討し、二〇二三年に国会議員が三親等以内の親族にみずからの関係政治団体を引き継ぐことを禁じる法案を提出しています。一時期は、与党である自民党も、政治団体を親族間で引き継ぐことを禁止した内規を検討したこともありましたが、今後、この優遇策が変わるかどうかを、国民は注意して見ていく必要があります。

選挙ポスター掲示板を商売道具にした人たち

政治家だけができるお金儲けという意味では、選挙ポスター掲示板を商売道具にした政党についても触れておきましょう。

二〇二四年の東京都知事選挙では、都知事選史上最多となる五六名が立候補しました。そのうち二四名の立候補者を出したのが「NHKから国民を守る党」です。当選者が一人の都知事選に二四名も立候補者を擁立《ようりつ》することは、通常なら考えられません。都知事選は立候補者一人に対して三〇〇万円の供託金が必要になります。二四名が立候補したということは、供託金だけで七二〇〇万円を支払う計算になります。政党は、そのうち一九名を公認候補として供託金を党から支出。つまり、政党が負担した供託金は五七〇〇万円です。

「NHKから国民を守る党」の党首の立花孝志氏は、都知事選のために都内約一万四〇〇〇ヵ所に用意された選挙掲示板を〝販売〟することを公言していました。同党に五〇〇〇円から二万五〇〇〇円程度を寄付することで、選挙掲示板の枠使用権を得て、一万四〇〇〇ヵ所のうち一ヵ所に、自分が作ったポスターを最大二四枚貼っていいというものでした。党によれば、最終的に五二〇人から五五〇万円程度の寄付があり、一〇〇〇ヵ所にポスターが貼られることになったそうです。(※30)政党から擁立された立候補者は、全員が得票数が足りずに供託金を没収されていますので、金銭的には大きな損失だったのではないでしょうか。

通常、選挙掲示板に貼られるポスターは候補者の顔写真や政策内容を端的に表したキャッチフレーズなどです。他人の顔写真が印刷されたポスターを貼っても、票に結びつかないわけですから、当然といえば当然です。ところが、この政党は公職選挙法をはじめとする法律の抜け穴を見つけ、選挙掲示板で稼ぐという新たな収入の道を探し当てました。

選挙掲示板の枠を販売することは、違法ではないものの、多くの非難が寄せられて、公職選挙法の改正議論にまで発展しています。(※31)

落選中の議員の食い扶持

最後に、落選中の議員のお金事情について、触れたいと思います。落選中は無職ですので、基本的には無給です。次の選挙で雪辱《せつじょく》を果たすしかありませんが、彼らはそれまではどうやって糊口《ここう》を凌《しの》ぐのか。

大臣などを経験している大物の国会議員なら、企業から思惑含みで社外取締役や顧問といった役職をもらうことが可能です。しかし、新人議員にそういった話が持ち込まれることはありません。

彼らは、普通に転職活動をします。しかし、議員であったことがプラスに働くこともあれば、「企業に政治色がつくと困る」といったようにマイナスに働くこともあります。(※32)完全に議員を辞めるならまだしも、再度挑戦するために政治活動を続けるならば、特定の政治カラーがつくことを嫌う企業は、少なくないのです。

また、大学の講師や塾の先生を務める人もいます。たとえば、自民党の萩生田《はぎうだ》光一議員は、落選中、学校法人加計《かけ》学園で客員教授を務め、報酬を得ていたことが明らかになっています。(※33)

また、野党の場合、落選する議員が少なくありません。すると、落選中の議員にも、政党本部から代表を務める政党支部に寄付が行われたり、幹事長などの幹部が受け取った政策活動費を渡されたりするなど、落選中の政治活動を支援することもあります。

しかし、「議員は落ちたらただの人」という言葉があるように、生活費を工面しながら、政治活動も続けるのは、かなり苦しい状況になります。加えて、落選しても、税金は前年度の収入で計算されるため、収入が減った際に払う高い税金の負担はかなり大きいようです。(※34)

こうした事情も反映してか、選挙に立候補するのは会社の経営者か弁護士・税理士・医師などを生業《なりわい》にしている人が多いのが現状です。昨今は会社員でも選挙に立候補できる制度が整いつつありますが、(※35)まだ一般的になっているとは言い難いといえます。

第2章

政治家の支出

——政治家のお金はどこへ消えているのか——

選挙の出馬でいくらかかるのか――〝人質〟となる供託金――

本章では、政治家がお金をどのように使っているのか、について触れていきます。

まず、政治家になるには、選挙に当選しなければなりません。当選するには、選挙に立候補する必要があります。そして立候補するにも、タダというわけにはいかず、供託金を納めなければなりません。供託金とは、選挙に出るための保証金のようなお金で、選挙の種類によって金額は異なります（図表4）。

衆議院選挙は小選挙区で立候補するのに三〇〇万円、比例で六〇〇万円が必要になります。衆議院の小選挙区と比例で重複立候補する場合は比例の供託金が三〇〇万円減額されて、合計六〇〇万円で済みます。損得勘定で立候補を検討している人は少ないと思いますが、比例単独でも六〇〇万円の供託金が必要になりますので、重複立候補したほうがお得かもしれません。参議院選挙では重複立候補はできません。

参議院選挙は選挙区が三〇〇万円、全国比例が六〇〇万円。都道府県知事選挙は、四七都道府県すべて同じで三〇〇万円です。抱えている人口や税収入は関係ありません。

知事選の中でも、有権者数がもっとも多い東京都は、テレビ・新聞・インターネットな

図表4　選挙に必要な供託金

衆議院・参議院	選挙区	300万円
	比　例	600万円
知事		300万円
都道府県議		60万円
政令市長		240万円
政令市議		50万円
市長		100万円
市議		30万円
町村長		50万円
町村議		15万円

ど報道機関で取り上げられる機会も多く、ほかの道府県知事選とは異なり、多くの立候補者が出馬します。なかには売名行為のために都知事選に出馬する人もいるようですが、供託金はそうした売名行為を防ぐ目的から導入されています。

ただし、供託金が売名目的の立候補を防止する効果を発揮しているのかどうか。これは、常に議論されてきました。実際、二〇二四年の都知事選挙は、史上最多の五六名が立候補しています。逆に、参政党の神谷宗幣《そうへい》議員は「供託金制度が自由な立候補を阻害している」と質問主意書を提出しています。(※1)

供託金の金額も含めて、制度のあり方が時代に適応できていないことは間違いないようです。

ちなみに、二〇二〇年の公職選挙法改正以前まで、町村議選挙には供託金は不要でした。しかし、改正後は一五万円の供託金が必要になっています。

衆議院選挙にかかったお金は一五〇〇万円

供託金以外にも、選挙を戦うには事務所や選挙カーを用意しなければなりません。たすき、ポスター、ビラ、ハガキも作成・発行します。これらの費用は選挙の種類もしくは自治体によって、公費で負担するのか、それとも候補者が負担するのかが変わります。(※2)

原則的に選挙は公営で実施されますので、多くの費用が公費、つまり税金で賄《まかな》われます。それは、お金のかからない選挙を目的にしていることと、候補者間の選挙運動の機会均等を図るためです。

とはいえ、選挙には多くのお金がかかるのが現実です。とくに新人議員はお金がないので、供託金も含めて選挙にかかる費用は政党に頼らざるを得ません。(※3)

では実際、どれほどのお金がかかるのか。自民党の現職議員が東京地検特捜部に逮捕・起訴されたことで、二〇二四年四月に行われた衆議院議員選挙の東京一五区補欠選挙に、参議院議員をやめて須藤元気氏が立候補しました。彼は、インターネットでおおよその選

挙費を、以下のように公開し、話題になりました。(※4)

事務所開設費用	一五〇〇万円
法務対策費	五〇〇万円
事前申請と収支	五〇〇万円
印刷物	二〇〇（万）―三〇〇万円
折込等	一五〇万円
ウェブ対策費用	一五〇万円
街宣車	一五〇万円
外注費	一〇〇万円
諸経費	一〇〇万円
供託金	三〇〇万円

ざっと一五〇〇万円ほどかかる計算ですが、これでも、街宣車を軽自動車にするなどして予算を抑えたとのこと。須藤氏は、この選挙中、自転車も使っていたので、それも選挙

費用の節約につながっているかもしれません。「**国政選挙は通常二五〇〇万円以上はかけるそうです**。政党候補者は党によって違いますがそこそこ出してくれるそうです。僕の場合、供託金など一部戻ってくるとしても準備費用で一五〇〇万円近く掛かりました。お金をかけない選挙制度を作り、国民がもっと政治に参加しやすくしたいです(※5)」とネット上にコメントを発表しています。

都知事選挙にかかったお金は八〇〇万円

また、二〇二四年七月の東京都知事選に立候補した安野《あんの》たかひろ氏も、インターネット上に、都知事選にかかった選挙費用を公開しました。(※6)政治活動の費用も含め合計すると**八〇〇万円前後の支出となる**と予測されています。

供託金	三〇〇万円
選挙カー関連	約一〇〇万円
ポスター	約一二〇万円

ビラ　約七万円
のぼり　約三万円
たすき　約一万円
交通費　約二〇万円
写真撮影代　約五万円
その他諸経費　集計中

安野氏は以下のように補足説明しています。

選挙カーは、仕様に細かいルールがあるということで、専門業者からのレンタルで約二七万円。この車のレンタル費は公費負担対象で、得票率が供託金ラインを上回れば、負担せずに済みます。これに、車上に設置する看板作成に約三〇万円、都内だと高い駐車場料金、高速代、ガソリン代、保険料を加えるとおよそ一〇〇万円とのことです。

ポスターは、掲示場が約一万四〇〇〇ヵ所あり、予備も含め一万五八〇〇枚を印刷。雨避け加工や裏側の粘着加工がされているため、印刷費に一二〇万円もかかったそうです。これも公費負担対象で、得票率が供託金ラインを上回れば、一一〇万円が返金されるとのこと。

ビラは、紙質で変動しますが、ポスターよりは安くなるようです。三〇万枚まで作成することが許されるところ、約六〇〇〇枚を印刷。ビラも公費負担対象で、得票率が供託金ラインを上回れば、一枚あたり七・七三円が返ってくるため、五万円弱が返金される計算でした。

のぼりは、街宣活動の際、通行する人の目を引くためののぼり五つと、周辺器具の値段の合計額です。

たすきは、候補者本人しかつけられないと定められており、予備含め二本作成した合計金額です。

ちなみに、安野氏の場合は、ポスター、ビラ、のぼり、たすきのデザインは自分たちでやったとのことですから、外注したらもっとお金がかかったでしょう。

交通費の大半は、移動のためのタクシー代。演説などのスケジュールがタイトで、タクシーを利用する場面が多かったといいます。

また、このような選挙費用以外にも、政治活動のためのインターネットシステムの構築に、以下の費用がかかったようです。

ブロードリスニング　一〇〇万円弱
AIあんの　一〇〇万円前後
マニフェスト　数千円から数万円

質問やSNS投稿など、寄せられた民意を可視化してマニフェストに反映するためのインターネットシステム（ブロードリスニング）に一〇〇万円弱。公式YouTubeチャンネルで、AIのアバターが政策に関する質問に自動で応えるインターネットシステム（AIあんの）に一〇〇万円前後。オープンソースでマニフェストに対して誰でも自由に変更提案できるネットシステム（マニフェスト）に数千円から数万円。

安野氏の陣営では、労務提供者への合法的な報酬、ポスター貼付作業の外注費（約一〇〇万円）、選挙事務所費（約五〇万円）、公選ハガキの輸送費や事務費（数十万円）、ネット広告費などをかけていないようです。安野氏自身も、インターネット上で、「やはり選挙運動・政治活動ともにかなりの費用がかかっており、後ろ盾のない候補者には負担が大きいのが実情です」と明かしています。

注意したいのは、前者の須藤氏は二万九〇〇〇票を超える票を、後者の安野氏は一五万票を超える票を獲得したものの、ともに落選していること。須藤氏の場合、供託金ラインの有効得票数の一割を超えたため、供託金三〇〇万円を申請したことで返金されました。(※7)一方、安野氏は、有効得票数の一割を超えていないため、供託金は没収されるうえ、公費負担分も返金されません。

この二人は、お金をかけなかったほうだと公言されています。それにしても、庶民から考えると、人生をかけた一大博打のような金額ですから、やはり選挙は「普通の人」が、後ろ盾なく、出馬し、当選するのは、かなり難しいようです。

「ウグイス嬢」にはいくらかかるのか

安野氏のかけなかったお金で、「労務提供者への合法的な報酬」について触れました。選挙運動の手伝いは、原則無報酬のボランティアとなっています。しかし、**公職選挙法第一九七条の二により、「ウグイス嬢」の名で長らく知られてきた車上運動員や、手話通訳者、要約筆記者、また選挙運動の事務のみに従事する者は、例外的に報酬を支払うこと**

ができます。これらは、事前に選挙管理委員会への届け出が必要です。そして、金額については、車上運動員、手話通訳者、要約筆記者は日当一万五〇〇〇円以内、選挙の事務専用員は日当一万円以内となっています。これ以外に、会場設営や清掃などに従事する労務者も日当一万円以内とされています。選挙の事務専用員も労務者も、選挙運動スタッフとしては参加できません。

　ところが、選挙カーに乗って「ウグイス嬢」を務める人は、司会業なども務める「しゃべりのプロ」が多い。司会業の日当は、三万円を超えるケースが珍しくありません。つまり、日当一万五〇〇〇円の選挙カーのウグイス嬢は、割の合わない仕事なのです。

　彼女ら・彼らは、ただ単に大きな声で叫んでいるのではなく、老若男女に聞き取りやすい声を使い、遠くにいる有権者を即座に見つけ出し、豊富な語彙《ごい》で声掛けしていき、有権者の心を掴んでいきます。素人にできる芸当ではありません。

　ウグイス嬢の良し悪しは選挙結果に反映されることもあり、候補者もプロに依頼するのです。過去にはウグイス嬢に公選法施行《しこう》令で定められた上限額一万五〇〇〇円を超える日当を払ったことが明らかとなり、議員の秘書や運動員が公職選挙法違反（買収）容疑で逮捕されたこともあります。(※8)

金額が時代に合っていないといえば、それまでででしょうが、逮捕のリスクを抱えても、車上運動員はプロに頼みたい。それほど重視されている専門職ともいえるでしょう。ちなみに、二〇二四年七月の東京都知事選に挑んだ安野氏は、自身のパートナーをウグイス嬢として起用したことで、選挙費用を節約した面もあるでしょう。彼女の演説のうまさは、選挙中も話題になっていましたが、普通の人では、なかなか務められるものではありません。

多くの政治家は、贅沢のためにお金は使わない

政治家が選挙に支出するお金について触れてきましたが、本書の「はじめに」でも触れたように、贅のかぎりを尽くしているイメージが強い国会議員ですが、普段の生活は私たちが想像しているよりも質素です。

自民党の最年少幹事長に就任し、自民党のお金を差配していた小沢一郎議員。強面《こわもて》の小沢議員は、一見すると、庶民が一生訪れることのない料亭に足繁く通っていて、贅沢《ぜいたく》をしているようにも見えます。しかし、民主党の代表時代は、食事はとくにこだわりがなく、

街で見かける居酒屋チェーン店にも気兼ねなく足を運んでいたそうです。(※9)

もちろん、贅沢したいだけ、という政治家もいます。ただ、そういう短絡的なタイプの政治家には誰もついていきません。近いうちに落選して政界から去っていくのがオチです。

基本的に、国会議員を含め知事や市長、地方議員など、すべての政治家は、お金を自分の権力欲を満たすための道具としか見ていません。だからこそ、お金は選挙に勝つために、惜しげもなくつぎ込むのです。

そして、選挙に勝つには、お金だけでなく、自分の手足となる優秀な秘書が欠かせません。この**秘書の人件費は、議員の支出の多くを占めています。**

議員が税金で雇える公設秘書の給与事情

では、議員の秘書はいったい何をしているのか。その前に、秘書の給与事情をおさらいしましょう。

国会議員は、三人の秘書を公費で雇うことができます。ひとりは政策担当秘書、後は公設第一秘書と公設第二秘書です。一九九四年に誕生した政策担当秘書は、公設秘書を一〇年以上経験するなど以外では、試験を受けて合格しなければ資格を得られません。採用については、各国会議員が決定します。

政策担当秘書は、ほかの公設秘書よりも給与が高く、年収は七五〇万から一一〇〇万円程度です。

公設第一秘書・公設第二秘書の給与は、立場や勤続年数などで異なりますが、法律で月三三万円から六四万円と定められています。年収にすると、公設第一秘書は七一〇万から一〇九〇万円ほど、公設第二秘書は五五〇万から八二〇万円ほどです。

なお、これらの公設秘書は、通勤手当や住宅手当も、公費から支給されます。(※10)

この三人の秘書は、特別職の国家公務員という扱いです。特別職の公務員といっても、選挙で議員が落選すれば、公設秘書も失職します。一般公務員のような安定している職業だとは言い難いです。

しかし、公設秘書の人件費は公費のため、議員側の負担はありません。これは、議員の収入に関わることですが、**国会議員には、家族や親戚を公設秘書にしている人が少なくありません。**長男を政策秘書、三男を公設第一秘書として雇った二階俊博議員、妹を政策秘書に雇った枝野幸男議員などが知られています。(※11) 親族を公設秘書として雇い、公費でその人件費を賄うことには、批判の声も上がります。ちなみに、議員の配偶者は、不可とされています。

私設秘書の「人件費」捻出に苦しむ政治家

公費で雇える秘書は三人までですが、自費で秘書を雇う場合には人数制限はありません。こうした自費で雇う秘書は、公設秘書に対して、私設秘書と呼ばれます。

一般的にひとりの議員が雇っている私設秘書は五人前後でしょう。大物議員になると、私設秘書を多く雇っている傾向が強く、なかには二〇人近い私設秘書を抱えている議員事務所もあります。

私設秘書については、政治家が支部長・代表を務める政党支部や、政治家の資金管理団体といった政治団体がお金を出す形となっています。政治資金収支報告書には、「人件費」の名目で総額が載っています。しかし、**秘書一人ひとりの個別の給与（人件費）は公開の対象外のため、どの秘書にいくら払われているのかは、報告書を見ただけではわかりませ**

ん。私設秘書の給与は領収書も不要ですから、本当にその金額が払われたのかも、外から見ただけではわからないのです。

ただし、勤務日数や時間、年齢などによって、月十数万から四〇万円ほどと伝えられています。[※12]また、二〇二一年、朝日新聞は、代表を務める政党支部とその資金管理団体の人件費の合計支出が多い議員に対して、何人のスタッフに支払ったかを尋ねる独自取材をしています。その結果、単純に平均を出したところ、一年分の給与は約二二九万から約六三一万円となったそうです。[※13]多くの私設秘書の年収も、この範囲だと推察できます。

私設秘書の人件費は、政党支部や資金管理団体の支出の多くを占め、国会議員にとって大きな負担になります。所属する政党・派閥からの寄付で賄えなければ、自身で寄付を募ったり、政治資金パーティーを開いたりして、政治資金を集めなくてはなりません。

かつて、金権腐敗事件が起きていた一九八〇年代、一九九〇年代は、私設秘書の給与を企業に肩代わりさせていた閣僚もいました。形を変えた企業献金ですが、**企業からの「研修」という名目にして、寄付ではないというロジックを立てていました。**[※14]**「鞄持ち」**や**「書生」という体裁**で、議員の業務のみならず犬の散歩や庭の掃除といった身の回りの雑用をさせるついでに、私設秘書のような業務を担《にな》わせる議員もいます。近年では、**学生を**

「インターン」と称して、私設秘書と同じように扱っている議員もいます。

なお、公費で人件費が賄われている公設秘書と、自費で雇っている私設秘書、どちらのほうが立場が上か。一見すると、公設が上、私設が下のように考えてしまいますが、公設・私設は必ずしも上下関係を意味しません。たとえば、お金を持っている議員の場合、私設秘書に対して、公設秘書以上の、大企業の社員並みの給与を支払っていることもあります。

ただし、秘書候補が何人かいた際、私設秘書として雇われることになった人が、公設秘書に対して、「なぜあいつが公設で、自分が私設なのか」といった、複雑な思いを抱えることは珍しくありません。

選挙の勝敗を分ける「私設秘書の数」

大物議員が多くの私設秘書を抱えることに触れましたが、なぜ多額のお金を費やしてまで、私設秘書を大量に雇うのか。これは、この私設秘書の数が、選挙の勝敗を分けることになるからです。

来たる選挙に勝つために、この秘書集団が、常日頃、議員の手足のごとく選挙区を丹念に回ります。そうして隅々まで足を運び、票を掘り起こすのです。

選挙の際は、ほかの議員の選挙に、自分の秘書を派遣することもあります。選挙の現場は、猫の手も借りたいぐらい、やることは山積み。新人議員から見れば、選挙に精通しているベテラン秘書の応援は、一騎当千の援軍のような存在です。

こうして多くの私設秘書を抱えている大物議員は、自分が目をかけている子分を当選させることで、ますます大物議員としての存在感を増していきます。

このため、秘書をたくさん抱えている国会議員と、公設秘書の三人しかいない国会議員では、選挙の強さは段違いです。加えて、前者は、国会内や政党内における発言力・存在感も、大きくなります。

いわば、私設秘書の数は、議員の力を示すバロメーターともいえるのです。

国会議員と議員秘書は地元で何をしているのか

国会議員の仕事といえば、テレビの影響か、一般的には国会で議論をしている姿を思い浮かべる人が大半でしょう。

国会には常会（通常国会）・臨時会（臨時国会）・特別会（特別国会）の三種類があり、皆さんが思い浮かべる国会は常会と呼ばれるものです。

常会は毎年一月に召集され、会期は一五〇日間です。新年度予算案に加え、さまざまな法案が提出され、審議されます。六月に会期末を迎えますが、一回だけ会期を延長することができます。八月のお盆休み前まで大幅延長されることもあります。

臨時会は補正予算や法律案を審議する必要がある場合に召集されます。通常は秋から冬にかけて開催されます。臨時会は会期を二度延長することができます。

特別会は衆議院が解散して総選挙後、最初に召集される国会のことです。特別会の召集日には、衆議院はまず議長・副議長・常任委員長といった議院を運営するうえで欠かせない役職を決めます。また、召集とともに内閣は形式上ながら総辞職しますので、衆・参両院において首班指名、つまり内閣総理大臣を選び直すことになります。

しかし、国会は毎日開かれているわけではありませんし、国会議員の仕事はこればかりではありません。第1章でも触れましたが、永田町には「金帰火来《きんきからい》」という言葉があり、議員は金曜日に選挙区（地元）へと帰り、さまざまな政治活動をしています。議員が選挙区へと帰る際、多くの秘書は永田町で留守を預かりますが、なかには議員に帯同して、地元で活動を共にする秘書もいます。

地元に帰った議員や議員秘書、または日頃から地元の事務所に詰めている秘書は、週末に何をするのか。むしろ、テレビなどでは映らない、この地元業務と呼ばれる選挙区での活動のほうが、国会議員を続けるうえで欠かすことができない仕事なのです。そして、この選挙区での活動に、莫大《ばくだい》なお金がかかります。

選挙区での活動の大半は、いうならば「あいさつ回り」です。後援会に始まり、支援をしてくれている団体や個人などへのあいさつは欠かせません。

皆さんも、地元で、家の塀や店の壁に、議員のポスターが貼ってあるのを見かけたことがあるのではないでしょうか。あれは、このあいさつ回りを繰り返した結果、貼らせてもらえるようになった、ということが多いのです。また、覚えがいいと、仲のいいご近所さんを紹介してくれたり、選挙の際に周りの人に声を掛けてくれたりするようになります。これが、票につながり、選挙の結果を左右していくのです。

一九九四年に小選挙区（比例代表並立）制が導入されて、少なくとも中選挙区時代よりは選挙区が狭くなり、それに応じてあいさつ回りの範囲も小さくなりました。しかし、それは同じ選挙区で戦う対立候補も同じ。対立候補に勝つためには、少しでも多くの人に会い、さらに何度も繰り返し訪問して、信頼を勝ち得る必要があります。

東京や大阪のような、公共交通機関が充実している選挙区でさえも、このあいさつ回りに費やす交通費は莫大です。地方都市の場合は、自動車で動くことが基本になりますから、その**ガソリン代だけでも、月に数万から数十万円**はかかります。

支持を拡大するため、あいさつ回りのほか、知事や市長、地方議員などから、予算・政策・法律に関する打ち合わせと称する陳情、相談・説明などのための面談も毎週のようにあります。また、タウンミーティングといった、地元商店街や商工会などの団体との話し合いも、断るという選択肢はありません。

そして、議員に先約があって、どうしても顔を出せない場合は、代理で秘書が顔を出し、議員の名前を徹底的に売り込んでいきます。

また、結婚式の祝儀や葬式の香典も、時間・お金の負担がかかります。公職選挙法では、政治家が選挙区内へ寄付することが禁じられています。これは、寄付をすることが投票結果に反映すると考えられているからです。そのため、お祭りへの寄付・差し入れ、地域の運動会・スポーツ大会への飲食物の差し入れ、町内会の集会への飲食物の差し入れ、開店祝いの花輪、入学・卒業祝い、病気見舞い、お歳暮などが禁止されています。さらに、あいさつ回りが地元での仕事なのにもかかわらず、年賀状すら、出してはいけないのです。

しかし、例外があり、みずからが出席した結婚式で祝義を渡すこと、足を運んだ葬式で香典を置いてくることは許されています。ただし、結婚式の前後や葬式の後にこれらを支払うことは禁止されていますし、秘書が代理で祝義、香典を持っていくことも禁止されています。

金銭で票を買うことは禁止されていますが、国会議員と秘書は、選挙区で労力と時間をかけて、一票を確実に積み上げるための苦労をしています。これには、膨大なお金もかかっているのです。その実情について、二〇二一年の衆議院議員総選挙で落選した長尾たかし氏は、「地元対策を全くしなければお金はかからない。しかし、衆議院議員の活動はこれが許されないのです。常在戦場、いつ選挙があるかわからないからです」と月刊誌で吐露しています[※15]。

政治家が商店街を大事にする理由

会社勤めの人は、朝に家を出てから夜に帰ってくるまで地元の外にいることも多いため、総じて、地域の事情に疎《うと》い人が多いでしょう。

一方、地元の商店街で働く人は、古くから土着の人が住み、職住同一もしくは職住近接といったスタイルで生活しています。三世代もしくは四世代がずっと同じ街に住んでいるケースも少なくありません。

こうした商店街の人たちは、朝から晩まで地元にいますから、地域への関心は非常に高いのです。地元のお祭りに参加したことがある人ならわかると思いますが、地域の祭りは、商店街で働いている人たちが取り仕切り、さらにお金も負担していることが多いのです。ゆえに、政治家に対しても「商店街のアーケードを改修したい」とか「駅前の放置自転車をどうにかしてほしい」といった要望を出します。

そうした一面だけを見れば、彼らは「面倒な案件を持ち込む困った人」にも見えるかもしれませんが、逆説的にいえば、何かあったときに政治家に頼ってくれる存在でもあります。そもそも政治家は、有権者から頼られることが本懐です。頼ってきてくれる人の力になれば、来たる選挙で支持してくれる、一票を入れてくれる、ということです。

近年、地方都市は少子高齢化や後継者不足、大型店の進出といった複数の要因によって、商店街は活気を失いつつあります。シャッター街と化している商店街も少なくありませんが、そうした商店街だろうと栄えている商店街だろうと、ひとりが持っている一票に変わりはありません。

地元の事情や政治に無関心な会社員よりも、投票に行ってくれる商店街にリソースをつぎ込むのは、選挙を戦う政治家としては当然の話、ということになります。政治家の政治団体の政治資金収支報告書を見ると、地元の企業に名刺の印刷を頼んだり、商店街の電気屋さんで事務所で使う家電を買っていたりする記載を、簡単に見つけることができます。**せっかくお金を使うのであれば、地元で使うのも当然の話**、ということになります。政治家が地元商店街を大事にするのは、選挙に勝つための戦略でもあるのです。

もちろん会社員に支持を広げる戦略も怠《おこた》っていません。政治家が毎朝、駅前に立って街頭演説しているのは、まさに会社員対策でしょう。しかし演説だけでは「実利」がありません。やはり会社員が歓迎する政策を打ち出す必要があります。住宅ローン減税や子育て支援金などはその代表的なものです。

プレイヤーになる大物秘書の存在

政治家の秘書は、議員の代わりに、政治資金を稼ぎ出すためのパーティー券を販売したり、地元のあいさつ回りをしたりします。議員が目をかけている子分のような新人議員の選挙を手伝いに行かされることもあれば、議員が移動する際には運転手を務めることもあります。つまり、ありとあらゆる雑用をこなす必要があるのです。

議員秘書と聞くと、学歴が高く、政治関連のお堅い仕事をしていて、とっつきにくそうな人、というイメージがあるかもしれません。しかし、彼ら、とくに地元に張り付いている秘書は、馬車馬のごとく働いています。プライドが高く、人に頭を下げられないような人には、務められない職業なのです。

議員からのパワハラや暴力を受けることも、少なくありません。さらに、裏金事件が発覚した際、経理責任者とされていたら、議員の代わりに逮捕される役割まで担うこともあります。

一方、秘書もベテランになってくると、議員よりも政界に精通するようになり、議員よりも永田町に顔が利くようになる人もいます。

たとえば、有権者が、ある議員のところへ陳情に行くとします。その議員は、国会に出席したり、業界団体の会合に顔を出したりと忙しく、簡単には会えません。そこで、秘書に陳情内容を伝えることになるのですが、有権者としては議員と直に会って陳情したいというのが本音です。

しかし、陳情に来た全員が議員と会っていたら、議員はいくら体があっても足りません。そこで、秘書は陳情を聞き取り、どういった人を議員に会わせるべきかを選別しています。ある省庁の職員が、議員に対して「次の国会で、こういった法案を成立させてほしい」と説明に伺うことも珍しくありません。しかし、その要望を聞くためにその職員に会うか、要望は聞き入れられないから会わないかの取捨選択も、議員秘書の仕事です。議員が誰と会うのかを決める決定権は、秘書が持っているというわけです。大物秘書になると、このあたりを巧《たく》みに差配しています。

小泉純一郎内閣総理大臣の首相秘書官を務めた飯島勲《いさお》氏も、大物秘書として永田町では有名でした。また二〇二四年の東京都知事選挙で石丸伸二候補の選挙を取り仕切っていた選挙プランナーの藤川晋之助氏は、自民党議員の秘書を経験しています。

議員は表に出る仕事ですので目立ちますが、秘書は目立たない舞台裏から政治や選挙を取り仕切り、議員とは違った形で自分の思い描いた理想の政治を実現するのです。

国政選挙を左右する、市議・区議という〝部下〟たち

国会議員を縁の下で支える議員秘書ですが、そのほかにも国会議員を支えている人がいます。それが地元の県議や市議、区議といった地方議員です。

国会議員はテレビでもよく目にしますし、良くも悪くも新聞や週刊誌で取り上げられやすい存在です。一方、地方議会は、相当な政治通でなければ、顔・名前すら知りません。

しかし、国会議員以上に地元を熟知しているのが彼らです。そのため、国会議員の選挙では、この県議・市議・区議の力が欠かせません。彼らが地元の商店街をはじめ、業界団体に声を掛けることで、票が入るからです。

二〇一六年の東京都知事選は、市議・区議が活躍した選挙でした。同選挙では、まず小池百合子衆議院議員が立候補を表明。当時、小池氏は自民党所属の国会議員でした。これは自民党本部や自由民主党東京都支部連合会（都連）が擁立《ようりつ》したものではありません。小池氏が党に相談もせず、自己判断で立候補を表明したのです。

増田寛也《ひろや》元総務大臣の擁立を進めていた自民党は、予定を狂わせられることになり、小池氏の立候補に大激怒しました。自民党は予定通りに増田氏を擁立し、小池氏を支援する議員は除名処分にすると通告します。

しかし、多くの都議・市議・区議は、そうした上からの圧力のような通告にひるまず、小池氏の選挙をサポートしました。そして、小池氏は当選しています。

二〇一六年の都知事選は、まさに都議・市議・区議といった地元に根を張る地方議員たちの結束力が、小池都知事誕生の原動力になっています。

市議・区議が国会議員を支援する理由

県議、市議、区議といった地方議員は、なぜ国会議員の選挙を支援・応援するのか。

二〇〇〇年の地方分権一括法の施行で、建前上は国と地方は対等な立場になったのは第1章でも触れた通りです。同法は国会議員と地方議員の上下関係も取り払うことになりましたが、それはあくまでも建前でした。

地方自治体の多くは、自主財源で行政運営をすることができず、地方交付税によって不足分を賄っています。また、大企業の工場などを誘致することや道路・空港整備にも、国会議員の力が頼りになります。

自分たちが議員をしている自治体を繁栄させるためには、地方議員の力だけでは難しい面が多々あり、彼らも国会議員の力が必要なのです。

そうした事情を鑑《かんが》みれば、国政選挙のときには自分の支援者に向けて「あの候補を選挙で勝たせよう」と呼びかけることは当たり前で、そのほかにもさまざまな支援をして国会議員の応援をしています。

一方、このような応援で結果を残す地方議員は、その後どうなるか。国会議員が、地元の公共事業の件で、その地方議員の地域が恩恵を受けるよう、働きかけをする。そうなれば、その地方議員の手柄となるでしょうから、地方議員への票も増えます。国会議員への転身のチャンスも訪れやすくなるでしょう。

また、**支援した国会議員が派閥からもらった「もち代」「氷代」を、そのまま地方議員に寄付する形で、金銭支援を受けることもよくあります**。そんな見返りの皮算用が心のどこかにあるため、地方議員も頑張って応援するのです。

明暗を分ける「票の取りまとめ」

地方議員が国会議員を応援する構図は、いわば地元へと利益を誘導するためです。一方、国会議員からすると、地方議員は地元の「票の取りまとめ」をしてくれる、ありがたい存在です。持ちつ持たれつの関係といえましょう。

国会議員が選挙のときに、有権者を一人ひとり回っていたら、時間もお金も足りません。そこで地元の市議や区議に、票の取りまとめをお願いします。

地元の市議や区議が選挙に強ければ、一人あたり千票から数千票が見込めます。地方議員を複数人抱えることで、それが積み上がって数万票と膨れ上がっていく。平たくいえば、これらは基礎票になり、選挙結果を左右します。

地方議員は国会議員に比べると競争が激しくなく、何十年も議員を務めている大物議員もいます。そうした大物の地方議員は、時に国会議員以上に力を持ち、総理大臣でもあいさつに足を運ぶことがあります。

たとえば、茨城県には山口武平《ぶへい》氏という自民党所属の大物県議会議員がいました。山口氏は一九五五年に県議会議員に初当選し、二〇一〇年に引退するまで一四回も議員に当選しています。

ほかにも福岡県には藏内勇夫《くらうちいさお》氏という大物県議会議員がいます。福岡といえば、麻生太郎元首相の地盤ですが、自由民主党福岡県支部連合会（福岡県連）の会長を務めてきたのが藏内氏です。

通常、都道府県連の会長は国会議員が務めます。自民党の東京都連会長も東京都選出の国会議員が歴代の会長を務めてきました。ただ、国会議員が都道府県連の会長になると、その議員の政治色が強く出る組織になることを懸念し、都道府県議会議員にやらせるべき、という意見も一部であります。そのため、県議会議員が県連会長を務めている例も稀にあるのです。

自民党は四七都道府県どこにいっても都道府県連組織があり、それが自民党の各都道府県の意思決定機関になっています。自民党は基本的にボトムアップ型の組織です。だから誰を公認するかは、基本的に都道府県連が決めています。

流れを簡単に説明しますと、まず都道府県連が候補者に相応《ふさわ》しい人物を探します。そして、都道府県連から党本部に「この人物を候補者にしたい」と推薦します。党本部は、ほとんどのケースでそれを丸呑みします。

ただ稀に、都道府県連と党本部で意見の相違が起こることもあります。その場合は、党本部の意見が通ることが多いです。それは党本部が力関係で強いことが理由です。

ただ、政党本部と都道府県連の関係は、単純な上下関係ではありません。とくに選挙においては都道府県連が果たしている役割は大きいので、自民党の総裁や幹事長といった要職に就く国会議員でも、都道府県連を丁重に扱っています。

こうした都道府県連に、組織票の取りまとめをお願いすることが基本となっていますが、その**票の取りまとめに対して、相手へ金銭を渡すと公選法違反**（買収）**になります。**

しかし、**日頃から国会議員が代表を務める政党支部から、都道府県連や地元の市議会議員の政治団体へ政治資金としてお金を渡していれば、寄付という言い逃れもできる**でしょう。「地盤培養」と称して、地方議員を手なずけるのです。政治資金収支報告書に書いていれば、問題にはなりません。この寄付が、国会議員にとっての必要経費の「支出」、地方議員にとっては「収入」になるのです。

違法な金銭の授受になるかならないかは、非常に微妙な違いにも見えますが、議員の明暗を分けることになります。

「事務所賃貸費」も重くのしかかる

政治活動の拠点となる事務所は政治家にとって欠かせませんが、他方で毎月のように支払いを求められる事務所費、つまり家賃も大きな負担になります。家賃は固定費のため節約することも簡単ではありません。

そうした経済的な事情もあり、主たる事務所を議員会館に置いている議員も少なくありません。第1章でも説明しましたが、議員会館は国が用意した事務所であり、家賃だけではなく光熱水費や通信費（固定電話代・東京「〇三」番への通話料・インターネット利用料）もかかりません。

一方、**選挙区のある地元の事務所には、家賃がかかってきます。**駅前の物件で、広さもある程度な物件であれば、地方でも、年間で二〇〇万から三〇〇万円ほどの家賃がかかることもあるでしょう。この負担は、議員にとって、けっこう重たい支出になります。

ただし、以前は事務所費や光熱水費などの経常経費は、政治資金収支法報告書には総額を記載するだけでよく、領収書は不要とされていました。これを悪用して事務所費を架空計上すれば、裏金が生み出されることにもつながります。

そんな事務所費をめぐる事件が、永田町で起こりました。家賃のかからない議員会館に主たる事務所を置いているにもかかわらず、政治資金収支報告書に巨額の家賃を記載していた、つまり架空計上していた議員が複数いたことが二〇〇六年から二〇〇七年にかけて取り沙汰《ざた》されたのです。

議員会館は東京・永田町にありますが、それとは別に東京事務所を構えている議員も珍しくありません。議員が構える事務所の数に制限はなく、議員の裁量で、いくらでも事務所を構えることができます。しかし、恒常的に発生する家賃は、その金額は一定であることがほとんどです。それにもかかわらず、報告書に記載されていた家賃は固定しておらず、毎月の支出額が異なっていたことも、疑惑を抱かせました。

一連の事務所費架空計上問題でクローズアップされたひとりが、松岡利勝農林水産大臣でした。松岡大臣は家賃や光熱水費が不要の国会議員会館に、自身の資金管理団体「松岡利勝新世紀政経懇話会」の事務所を置きながらも、二〇〇三年から二〇〇五年の三年で、年間二六〇〇万から三三〇〇万円超を事務所費として計上。さらに、二〇〇五年の光熱水費として年間五〇〇万円を支出したと政治資金収支報告書に記載していたのです。

松岡大臣は国会で光熱水費の五〇〇万円について「ナントカ還元水をつけている」とい

った答弁をして、メディアを賑《にぎ》わせました。政治資金収支報告書に記載したのは、それらの費用であると説明したのですが、その後に松岡大臣はトーンダウンし、言葉を濁すだけの答弁に終始することになりました。(※16)

松岡大臣以外にも、伊吹文明《ぶんめい》文部科学大臣や中川昭一政調会長が永田町の議員会館に資金管理団体の主たる事務所を置きながら、巨額な事務所費を計上していました。これらが問題視され、二〇〇七年一二月に政治資金規正法が改正され、国会議員の資金管理団体の経費のうち、人件費を除く事務所費、光熱水費、備品・消耗品費などでは、一件一万円超の支出の場合、収支報告書への記載とその領収書の写しの添付が義務付けられたのです。

自分の政治団体から自分の政治団体に寄付する理由

政治家は、事務所をいくらでも構えることができることに言及しましたが、政治団体もいくつも持つことができます。政治団体は総務省に届出をしなければ設立できませんが、数に制限はありません。そのため、政治家はたくさんの政治団体を設立して、お金を分散管理しています。

なぜ複数の政治団体を設立するのか。政治団体の設立に慣れているとはいえ、わざわざ総務省へと届け出ることは面倒です。ひとりの政治家に一つの政治団体で十分と考えるのが一般常識ですが、複数の財布を持つことで金の流れを複雑化し、あえてわかりにくくすることが永田町の常識のようです。

政党本部が、所属議員が代表を務める政党支部に寄付をしたお金を、さらに議員が資金管理団体に指定している政治団体に寄付することもできます。そこからさらに、議員の後援会などの「その他の政治団体」に寄付することも、よく行われています。お金を次から次へと移し替えることで、その流れを不透明化できるのです。

また、政治家個人が自分の政治団体へ寄付することもあります。自分の政治団体に寄付しても実質的には自分のお金のままですが、この際、自身が代表を務める政党支部に寄付した場合は、政党への寄付という扱いになり、寄付控除を受けられます。これも、政治家の節税対策として多用される手口です。

首長は大統領、国会議員は零細企業の親父？

都道府県知事や市町村や特別区の長は、首長と呼ばれます。国から地方自治体に課されていた機関委任事務が廃止されたことで、首長が持つ巨大な権限が注目されるようになりました。

そのため、国会議員から地方自治体の首長へと転身する政治家も目立つようになりました。一例をあげると、東京都知事の石原慎太郎・舛添《ますぞえ》要一・小池百合子の三氏は、国会議員経験者です。また、大阪府の吉村洋文知事も、衆議院議員からの転身組です。

国会議員は国を動かせる職位ではありますが、あくまでも衆議院議員は総数四六五名のうちの一人、参議院議員は二四八名のうちの一人に過ぎません。

首長の権限が及ぶ範囲は東京都知事なら東京都のみになりますが、予算の編成権・条例の提出権・行政の執行権・職員の任免権・課税徴収権・議会の解散権など、強大な権限を持っています。

とくに、東京都は予算規模が大きく、諸外国と比べても見劣りしません。そうした巨大な権限を持つので、時に知事、とくに都知事は、大統領と形容されることがあります。

八日市市長、滋賀県知事という首長を経て、国会議員になった武村正義氏は、首長の場合は知事公舎、公用車、部下として使える秘書課があるのに、国会議員はすべて自前でやらなければならないことを挙げて、国会議員は「零細企業の親父になったようなもの」という発言を残しています。(※17) 首長を務めた彼からすれば、国会議員は常に金欠だというのです。

落ちても支出は減らせない！ 落選議員はつらいよ

かつて自民党の副総裁まで務めた大野伴睦《ばんぼく》氏は、「猿は木から落ちても猿だが、代議士は選挙に落ちればただの人だ」という名言を残しています。

国会議員としてバッジを着けている間は周囲から「先生」とちやほやされますが、落選した時点から多くの人が離れていき、歳費もなくなって無収入の生活になります。

再起に向けて政治活動を続けるにも、これまでは秘書に任せていた作業を、途端に自分ひとりでやらなければならなくなります。

選挙の当落は、これまでの環境を一変させます。歳費が支給されなくなるわけですから、落選議員は何かしらの手段で生活費を稼がなくてはなりません。養う家族がいれば、政治活動にだけ没頭するわけにもいきません。再起を目指して、政治活動を続けるならば、事務所費、ポスターなどの制作・印刷費、有権者との会合の費用、地元サークルの参加費・会費、地元を回る交通費など、支出を減らすことは難しいのです。ちなみに、公職選挙法では、政治家は選挙区内の寄付を禁じられています。しかし、お菓子や飲み物が提供され、そこで意見交換をした、などの理由で「会費」「意見交換費」という名目の領収書をもらい、五〇〇〇円か一万円を支払うケースは多いようです。[※18] 落選中に付き合いが悪くなれば、まさに「ただの人」に早変わり。次の選挙で勝つことができません。落選議員は、これらの減らせない支出に苦労します。

一方、落選した議員に対して、所属政党から活動費として月にいくらかの金を支給されることもあります。旧民主党は次の選挙に備えて議員をつなぎ止めるという意味も含めて、落選議員に対して月五〇万円を支給していたことがありました。[※19]

ちなみに、落選議員を支える仕組みは、立憲民主党にも引き継がれます。しかし、この仕組みが、トラブルを招くケースもありました。

二〇二一年一〇月の衆議院選挙で、岐阜五区から出馬して落選した今井瑠々《るる》氏は、立憲民主党が落選議員に支給していた活動資金を受け取っていたひとりです。今井氏は二〇二一年一二月以降、立憲からお金を受け取っていながらも、二〇二三年四月の岐阜県議選に自民党推薦で立候補する方針を表明。その後、岐阜県議会議員に当選しています。

立憲からお金を受け取っている間も、極秘に自民党への〝転職活動〟をしていたといわれ、立憲民主党は今井氏が代表を務めていた「立憲民主党岐阜県第五区総支部」に交付していた総額六五〇〇万円の活動資金を返還するように求めました。

落選議員は、政治家として復活するために、あらゆるチャンスに目を光らせます。自身の貯蓄や政治資金が減っていけば、所属政党にこだわったり、国会議員に固執したりする余裕もなくなっていくでしょう。「選挙に落ちればただの人」になれないからこそ、政治家は政治家をやっているともいえるのです。

第3章

「裏金」の作り方・使い方

政治不信を招いた政治資金パーティーの裏金問題

自民党の派閥の政治資金パーティーをめぐる「政治とカネ」の事件。自民党の五派閥が、二〇二一年までの四年間に、合わせて約四〇〇〇万円の政治資金パーティーの収入を政治資金収支報告書に記載していなかったとして、神戸学院大学教授の上脇博之《ひろし》氏が告発状を提出しました。(※1) 発端となったのは、二〇二二年一一月の共産党の機関紙・しんぶん赤旗日曜版のスクープ報道でした。

その後、東京地検特捜部が捜査に動き、大手新聞各社の後追い報道が始まります。裏金事件は、関係する議員とその金額が、想像以上に膨れ上がっていく事態に発展したのです。

派閥の政治団体が主催する政治資金パーティーについては、第1章でも触れました。派閥が主催する「特定パーティー」は、収入が一億円を超えることもあり、議員個人が主催するものより、多くの人が参加します。

派閥所属の議員は、役職や当選回数に応じて、このパーティー券販売のノルマが課されていました。議員は秘書と協力して、パーティー券を政治団体や企業、支援者個人に対して売り捌《さば》きます。

その際、**ノルマを超えたパーティー券の収入については、慣習として、一度派閥に渡るものの、派閥から議員にキックバックされていた**のです。その際、**このお金のやり取りは、キックバックした派閥の政治団体、受け取った議員側の政治団体のどちらの収支報告書にも記載されていないケースがあることが発覚**しました。この多くが、安倍派（清和政策研究会）所属の議員でした。安倍派の議員にキックバックされたお金は、二〇二二年までの五年間で五億円にのぼるといいます。加えて、安倍派と違って、キックバックしたお金を派閥・議員どちらの収支報告書にも記載していたという二階派（志《し》帥《すい》会）も、その後、記載されていなかったパーティー収入の総額が五年間で一億円に上り、これを組織的に運用していた疑惑が浮上したのです。

具体的なキックバックのやり取りについては、安倍派の所属議員の元秘書がＮＨＫの取材に対して、匿名で次のように答えています。

「年末が近づくと派閥の幹部から議員の事務所に連絡があり、本人が議員会館や派閥の事務所に出向いて幹部と面会していた。面会を終えた議員の胸ポケットには封筒が入っていて『先生、その胸ポケットのやつって、何かの資料ですか』と聞くと、『これは派閥からのキックバックだよ』と言っていた。封筒の中身を見たことはないが、現金以外には考えられない[※2]」

また、**ノルマを超えたパーティー券の収入を、そもそも派閥に渡さず、議員側の手元に置いておくケースがあることも発覚。**これも、議員の政治団体の収支報告書に記載されず、そのまま裏金になった疑いがあります。これが安倍派で一億円、二階派でも一億円にのぼるといいます。

派閥所属の多数の議員が同じことを行っていたことから、自民党、もしくは派閥の中で組織的に行われていたことが疑われました。それを裏付けるように、安倍派の議員で、防衛副大臣を担っていた宮澤博行氏は、記者団の取材に対して、派閥からこの件をしゃべるなという指示があったことを明かしています。

二〇二三年一二月、強制捜査に乗り出した東京地検特捜部は、安倍派（清和政策研究会）と二階派（志帥会）の事務所を捜索。その後、パーティー券収入の裏金化はいつから、誰が主導して行ってきたのかを調べるために、関係者に任意で事情聴取をしました。しかし、八〇人を越す「裏金議員」本人たちは、四〇〇〇万円を超える裏金のキックバックを受けていた三人の議員が、それぞれ逮捕、在宅起訴、略式起訴されただけという結果に終わりました（後に、その他一人が公職選挙法違反と政治資金規正法違反で略式起訴）。裏金事件の真相は解明されないまま、幕引きされてしまったのです。

その後、二〇二四年六月、自民、公明などの賛成多数で、改正政治資金規正法が可決、成立。政治資金パーティー券購入者の公開基準額を二〇万円超から五万円超に引き下げること、政党から議員個人に渡される使途公開の義務がない政策活動費について、収支報告書に年月を記載し、付則に一〇年後に領収書を公開することが盛り込まれたこと、政治家本人が収支報告書を確認したことを示す確認書の作成が義務付けられ、不記載や虚偽記載が発覚した際は、確認を怠《おこた》っていたと判断されれば、公民権停止・失職の対象になることなどが決められました。

法律は二〇二六年一月の施行《しこう》とのことですが、成立時点で、既に「抜け道」が指摘されていました。

政治資金パーティーは、一回五万円超の購入者が公開されるものの、開催数の制限がありません。たとえば、一回のパーティーにつき、二万円の券を二枚買うこと（計四万円）を二〇回のパーティーで繰り返せば、八〇万円分のパーティー券を購入者の情報が公開されないまま購入することができます。

また、政党・政党支部から政治家個人に渡された後の使途がブラックボックスだった政策活動費ですが、公開が一〇年も後になれば、そもそも政治家は辞めている可能性も十分あります。一〇年も後になれば、実質的に第三者がチェックすることもできません。領収書の公開範囲の具体的な内容も、先送りされました。

収支報告書の確認書も、政治家がどこまで確認すべきかが曖昧《あいまい》です。秘書などの一定の関係にある人が買収などに関わったら、政治家や候補者本人が関わっていなくても、当選無効になるといった連座制とは異なるのです。

結局、この時は野党五会派が求めた企業・団体献金の禁止、政策活動費の廃止といった抜本的な改革には至りませんでした。

今回、発覚した裏金問題から、改正政治資金規正法に至るまでの過程で、政治不信を招いたのは間違いありません。しかし、「政治とカネ」をめぐる事件は、今回に限ったことではなく、過去に何度も繰り返されてきました。本章では、そんな「政治とカネ」をめぐる事件を見ていくことで、政界に根付く金権体質を明らかにしたいと思います。

茶番が続く「政治資金規正法」改正の歴史

「政治とカネ」をめぐる事件において、触れなくてはならないのが、政治資金規正法です。この法律は、政治腐敗を防止する目的で一九四八年に成立しています。政治資金の流れを国民に公開し、その是非の判断は国民に任せること、そして癒着《ゆちゃく》が起きないよう政治資金の授受を直接制限すること。この二点が法律の肝になっています。

既に、成立から七〇年を超えていますが、政治腐敗はなくなっていません。なぜ、政治資金規正法が存在するのに、政治資金にまつわる不祥事や汚職はなくならないのか。それは、抜け道が多く存在しているからといえます。そして、事あるごとに抜け道は塞《ふさ》がれてきました。しかし、塞がれたように見えた抜け道は、実は塞がっていなかった――このような茶番が繰り返されてきたのです。

一九七四年に行われた参議院選挙は、自民党の「金権政治」が問われました。前年に自民党が集めた一八六億円（公表額）が投入され、企業ぐるみの選挙戦が展開されることに、国民の批判の声が高まっていたのです。

翌年、金銭スキャンダルを防ぐ目的から、企業や団体の規模に従って献金限度額が設けられます。収支を公開することで不正を防ぐやり方ではなく、政治資金の授受そのものを規制しました。企業・団体から政党への献金は最大一億円、派閥などそれ以外の政治団体へは五〇〇〇万円に制限されます。

この時、政治団体の収支報告書の公開も強化され、年間一〇〇万円を超える献金は寄付者の名前が公表されるようになります。しかし、一人の政治家が持てる政治団体の数に制限がありませんでした。政治家が、複数の政治団体を設立し、一〇〇万円以下に献金を分散させることで公表から逃れるという抜け道があったのです。

この複数の政治団体に献金を分散させる手口は、その後も、寄付の上限額を回避するため、そして公表を逃れるために、使われ続けることになりました。

政治家が複数の政治団体を持つワケ

一九八八年には、リクルートのグループ会社の未公開株が、時の首相や有力議員にばら撒かれる「リクルート事件」が発覚し、竹下登首相が退陣します。時代は平成に突入しますが、一九九二年には、自民党副総裁の金丸信《かねまるしん》氏が東京佐川急便から五億円の献金を受けていた「佐川急便事件」が発覚し、議員辞職に追い込まれます。

これらの事件を受けて、一九九二年に改正された政治資金規正法により、政治資金パーティー券の購入額は、一パーティーあたり一五〇万円までに制限、収支報告・公開の基準は一パーティーあたり一〇〇万円超とされました。

また、一九九四年には、政治資金規正法改正とともに、大規模な政治改革が実行されます。政治家個人への企業・団体献金が禁止にされたり、政治資金パーティー券購入者の公開基準額が一〇〇万円超から二〇万円超に引き下げられたり、と規制が強化されました。しかし、ここにも抜け道が用意されていました。これは後述します。

二〇〇四年には、日本歯科医師会の政治団体・日本歯科医師連盟をめぐる、自民党（議員）への不正献金疑惑が発覚すると、翌年には政治資金規正法が改正され、政治団体間の献金上限は、年間五〇〇〇万円に制限されます。

二〇〇七年には、第2章で取り上げた事務所費や水道光熱費の不明朗な経理疑惑などが問題視され、政治資金規正法が改正。国会議員が支部長を務める政党支部を含む国会議員関係政治団体に対して、すべての支出の領収書を徴収し保管しておくこと、人件費を除く経費（事務所費や水道光熱費といった経常経費以外に政治活動費も含む）で一件一万円超の支出に関しては明細を収支報告書に記載したうえで、その領収書の写しを提出することなどが義務付けられました。

しかし、これは国会議員が代表を務める資金管理団体や政党支部などの国会議員関係政治団体にしか適用されません。たとえばある国会議員の資金管理団体から、代表の名義がその政治家の後援会関係者になっている「その他の政治団体」に資金を移動させたら、そこでは経常経費はそもそも明細を記載する必要がなく、政治活動費も一件五万円以上の支出についてのみ明細を記載すればよいという、〝緩い〟基準が適用されます。[※3] これが抜け道となり、基準の緩い「その他の政治団体」に資金を移動させる手口は、詳細な公開を避けるため、使われ続けました。

二〇一〇年には、政治団体のお金の「出」をチェックする登録政治資金監査人制度が始まりました。これは、政治資金収支報告書の提出にあたり、税理士、公認会計士、弁護士の監査を受けることを義務付けるものでした。しかし、実態は、帳簿と収支報告書の数字が合っているかどうかをチェックするだけであり、さらに政治家自身が代表を務めていない後援会などの「その他の政治団体」には監査が入りません。つまり、そこでお金を集めればノーチェックという抜け道が残されていたのです。[※4]

二〇一五年には、国から補助金を受けた企業の政治献金が明るみに出たことで、寄付制限の運用が改善されます。しかし、これも、献金を受けた議員が補助金の交付された企業だったことを認識していなければ、罪に問われないというものでした。この時も、ほぼ全員が「補助金を受けていた企業とは知らなかった」と答えています。

かいつまんで、政治資金にまつわる不祥事の概要と政治資金規正法の改正の歴史を見てきましたが、「政治資金の流れを国民に公開し、その是非の判断は国民に任せること、そして癒着が起きないよう政治資金の授受を直接制限すること」という法律の目的を、そもそも果たそうとしていないのでは、と思わずにはいられません。

エセ改革といわれた一九九四年の政治改革

ここで、一九九四年の政治改革に触れたいと思います。

リクルート事件や佐川急便事件で金権政治への批判が高まり、自民党は一九九三年の衆院選で過半数を割り、野党に転落します。代わって非自民の連立政権が誕生し、自民党との間で「お金のかからない政治」「お金のかからない選挙」を目指して公職選挙法や政治資金規正法の改正協議に乗り出しました。

その流れで、一九九四年、政治改革四法が成立。政治改革四法というからには四つの法律が成立したわけですが、その一つが公職選挙法の改正でした。

同法を改正したことで、大きく変わったのが選挙制度。それまでの衆議院議員選挙は中選挙区制が導入されていました。それを小選挙区比例代表並立制に改めたのです。この選挙制度を変えたこととお金のかからない選挙が、どう結びつくのか。

中選挙区制は一つの選挙区から複数が当選します。自民党の各派閥が同じ選挙区からそれぞれ候補者を擁立《ようりつ》し、自民党同士で保守票を奪い合う激しい選挙戦を繰り広げました。保守系新人が派閥の支援を受けて無所属で出馬し、他派閥の自民現職を蹴落として当選した後に追加公認されて自民党入りするケースも続出しました。このような選挙制度が派閥政治や金権政治を作り上げていったのです。

新たに導入された小選挙区制は、一つの選挙区から一人しか当選しません。自民党は各選挙区で候補者を一人に絞り込む必要が出てきました。自民党同士で激しく争えば保守票が分散し、たった一つの議席を野党に奪われてしまうからです。その結果、各選挙区で与野党の一騎打ちの構図が作り出されました。選挙戦は「派閥対決」から「政党対決」へ姿を変えたのです。

小選挙区制は一人しか当選しないため、有権者の過半数の支持獲得を目指すことになります。中選挙区制では建設業や農業など一部の業界の支持を固めれば当選圏に入ることができましたが、小選挙区制では幅広い業界に加え、無党派層の支持をどう獲得するかが勝敗を分けるようになります。これにより、企業団体を補助金などで優遇する代わりに献金を受ける「政官業の癒着」を解消する狙いも選挙制度改革にはありました。

選挙区が狭くなり、選挙区の有権者数が減って、選挙区内の移動距離も少なくなったことで、選挙活動や日常の政治活動のコストの大幅削減が可能になりました。事務所や秘書の数もガソリン消費もポスターの枚数も、以前ほど必要ではなくなったのです。

しかし、「お金がかからない選挙」を目指した小選挙区制が導入された後も、「政治とカネ」の問題はなくなっていません。特定の業界だけではなく、無党派層を含めて幅広い支持を獲得することが必要になったため、むしろきめ細かい選挙活動・政治活動が求められ、インターネット対策など以前とは違う経費もかかるようになってきました。**たった一つの議席を目指して、相手候補よりも支持を広げるために、お金をどんどん投入するようになってきた**のです。

こうして「お金のかからない選挙」は形骸化していきました。

政党助成金の使途は不透明

中選挙区から小選挙区比例代表並立制へと選挙制度を改めた公職選挙法の改正のほかにも、政治改革四法には政党交付金（政党助成金）を導入する政党助成法も含まれます。

なぜ、政党助成法によって政党助成金を支給するとお金のかからない政治ができるのか。政党助成金は所属議員の数や得票に応じて、各政党に助成金を支給する制度です。一九九五年一月一日に施行されましたが、これは企業・団体からの献金に頼らなくても政治活動ができるようにするという理念から出発しています。その理念から出発しているならば、当然ながら政党助成法の成立とともに、企業・団体献金は全面的に禁止されるべきでしょう。

しかし、政党助成法が施行された後も、企業・団体献金は全面禁止されず、存置されたのです。企業・団体献金は政党、政党が指定する政治資金団体、政党支部に行われました。政党助成金と企業・団体献金の〝二重取り〟です。さらに、企業・団体は政治資金パーティー券の購入という実質的な献金を行う抜け道が残されたのです。

新たに受け取れることになった政党助成金は、政党から所属議員が代表を務める政党支部にも流れていきます。**政党助成金は、領収書の提出を義務付けているのですが、それは一件五万円以上の支出となっており、人件費、光熱費についてはそもそも領収書の提出が不要**です。朝日新聞の調査では、二〇二二年、岐阜県内の政党支部が支出した政党助成金一億七八三三万円のうち、領収書の提出が義務付けされていない支出が九九九三万円にのぼっていたことが判明しています。内訳は、人件費が約九四一七万円、光熱費が約八三万円、一件五万円未満の支出が約四九三万円。つまり、支出総額の半分以上が不透明であり、国民の監視の目が届かない状況なのです。[※5]

そして、この**政党助成金からは、選挙に必要な供託金を含む選挙関係費や、テレビCMや新聞広告費などの宣伝事業費も捻出《ねんしゅつ》されています。**第2章で、普通の人が選挙に出馬するには巨額のお金がかかることについて触れましたが、その費用や、政党のCM代に税金が使われていることに違和感を覚える人もいるでしょう。しかし、政党助成金は、「政党の政治活動の自由を尊重する」という制度の趣旨に基づき、使途に制限がないのです。

政党助成金の原資は、私たちが納める税金です。その多くが、監視の目が届かないお金

図表5　自民党への献金が多い団体トップ10（2022年）

1位	日本医師連盟	2億円
2位	日本自動車工業会	7800万円
3位	自由社会を守る国民会議	7700万円
3位	日本電気工業会	7700万円
5位	日本鉄鋼連盟	6000万円
6位	石油連盟	5000万円
7位	不動産協会	4000万円
8位	プレハブ建築協会	3000万円
9位	日本鉱業協会	2100万円
10位	石油化学工業協会	1500万円

（100万円未満は切り捨て）

（出典・会社四季報オンライン2024年4月3日「『自民党へ1000万円以上の献金をした諸団体』最新13団体 断然トップは2億円の日本医師連盟」URL=https://shikiho.toyokeizai.net/news/0/730020）

や、政党をメディアで宣伝する費用に消えているとすれば、制度について議論すべき余地は十分にあるといえましょう。

族議員への「紐付き献金」

企業・団体献金は、政治家個人への献金や、政治家が指定する資金管理団体への献金は禁止されています。しかし、政治家が所属する政党や、その政党が指定する政治資金団体へ献金することは認められています。

会社四季報オンラインでは、自民党の政治資金団体であり、献金の入り口になっている国民政治協会について、二〇二三年一一月に総務省が開示した同団体の政治資金収支報告書から、献金が多い業界団体、宗教団体、政治団体をランキングで紹介しています（図表5）。
　それによれば、一位は日本医師会の政治団体である日本医師連盟、二位はトヨタ自動車やホンダなどが加盟する業界団体・日本自動車工業会、三位は自民党の党友組織である自由社会を守る国民会議と日立製作所や富士電機が加盟する業界団体・日本電気工業会、五位は日本製鉄や神戸製鋼所が加盟する業界団体・日本鉄鋼連盟となっています。(※6)
　政党に企業・団体献金できるこの制度により、たびたび起こる事件が、迂回献金事件です。**企業や業界団体が、自分たちの利益を優先してくれる議員の政治家が所属する政党及びその政治資金団体に寄付を行うと、政党がその政治家の政治団体にお金を献金する、いわゆる「紐付き献金」を防ぐことができない制度となっています。**先に触れた、日本歯科医師連盟をめぐる不正献金疑惑も、この構図を利用したものでした。

「政党支部」のお金は誰のもの？

　また、政党には都道府県や市区町村ごとに支部が設けられています。政党本部は、政党助成金を受け取り、それを政党支部へと分配します。

さらに、**政党支部は、政党本部と同じく政党として扱われているため、支部みずからが企業・団体献金の窓口になることもできます。これは、政治家が指定する資金管理団体にはできない芸当**です。

都道府県の政党支部には支部長と呼ばれる責任者のポジションがあるのですが、たいていは支部のある選挙区で当選した現職の国会議員です。支部のある選挙区に衆議院議員・参議院議員がいない場合は、支部長なしとするか、地方議員が務めることもあります。野党の場合は、出馬したものの落選した議員が務めていることも多いです。

そうした政党から政党支部に分配されたお金は、誰のものになるのか。党支部の責任者は支部長ですから、それらの金は、支部長の政治家が差配できます。

地方でも横行する迂回献金の手口

企業・団体が政治家個人に対して献金や寄付をすることは、政治資金規正法で禁止されています。しかし、企業・団体は、自分たちの利益のために、大物議員とつながっておきたいと考えます。

たとえば、二〇〇九年、準大手ゼネコン会社の西松建設をめぐって、同社のOBが代表を務める政治団体・新政治問題研究会と未来産業研究会を通じて、大物の国会議員らに献金が行われました。この政治団体は西松建設のダミー団体であり、幹部の社員らが寄付する形でお金を流し、寄付した幹部には賞与の形でお金を穴埋めしていたのです。

実質的には西松建設の企業献金でしょう。政治資金規正法は、他人名義による寄付や企業献金は禁止しています。結局、受け取った額の多かった小沢一郎議員（小沢氏が代表を務める民主党岩手県第四区総支部が一四〇〇万円、小沢氏の資金管理団体である陸山会が二一〇〇万円の合計三五〇〇万円）の公設秘書は、二〇一三年三月に有罪が確定しています。

この迂回献金というマネーロンダリングのような手法は、地方議員と企業・団体の間でも横行しました。

二〇一五年一月の佐賀県知事選挙。この時、自民党の佐賀県議が代表を務める政党支部（自民党佐賀県武雄市第二支部）に、建設会社二社から計二〇〇万円の寄付が行われました。しかし、それが知事選の候補者である前武雄市長の後援会にそのまま寄付されます。

この二社は、一方の会社が畜産試験場の牛舎新築など三件の工事を計約二億六〇〇〇万円で、もう一社は河川の改修工事を約一億円で、寄付時に県と契約していたことが判明しています。

県と契約した業者が選挙に関する寄付をすることは、公職選挙法で特定寄付として禁止されています。それを避けるために、自民党県議の政党支部を使った迂回献金であることが疑われたのです。自民党の県議は「業者が契約についていわなかった」、落選した候補者は「お金の流れや誰からいくらもらったかは把握《はあく》していない」とそれぞれ述べました(※7)。

「京都府連」を介したマネーロンダリング疑惑

政党には都道府県連といったものがあります。政党の国会議員、県議会議員、市町村議会議員が支部長を務める支部などの連合会です。この都道府県連は政党支部の扱いになっており、ここを通じた、迂回献金が問題となることがあります。

『文藝春秋』の二〇二二年三月号で、自由民主党京都府支部連合会（京都府連）の選挙買収疑惑が報じられました。国政選挙のたびに、候補者が府議・市議に対して一律五〇万円を配布する選挙買収が行われてきたといい、その密室の生々しいやり取りまで明かしたのです。

記事では、**国政選挙の候補者の政党支部や政治団体が、一度、京都府連に寄付して、それを原資に、京都府連が府議、市議にお金を配っていく**ことが詳細に語られていきます。候補者の関連政治団体が選挙運動をする見返りに、府議、市議の関連政治団体に直接お金を渡せば、公職選挙法では買収とされることから、間に京都府連が入ってマネーロンダリングをしているというのです。

また、政党助成金が流れている政党支部から京都府連にお金が渡っている構図のため、税金を使った選挙買収という見方もできることが、記事で指摘されています。実際、同誌の取材に応じた宮崎謙介元国会議員は、この原資に「自民党から政党交付金が二〇〇〇万円入ってくるので、それをアテにしていました」(※8)と答えています。

給与明細に載らない「政策活動費」は〝合法的裏金〟

政治資金規正法の現行法には、公職の候補者の政治活動に関する寄付の禁止がうたわれています。政治資金規正法第二一条の二は「何人も、公職の候補者の政治活動(選挙運動を除く。)に関して寄附(金銭等によるものに限るものとし、政治団体に対するものを除く。)をしてはならない」と書かれています。

このため、政治家が寄付を受ける際は、資金管理団体や政治団体、また所属する政党支部を使って受けることになり、それらは、すべて政治資金規正法の適用を受けることになります。

しかし、**この政治資金規正法第二一条の二には、第二項で、「前項の規定は、政党がする寄附については、適用しない」という適用除外があります。この一文が、問題なのです。これによって、政党、また政党と見なされている政党支部から、政治家個人が寄付を受けられることになっています。**

このお金が「政策活動費」「組織対策費」と呼ばれているものです。これらは通称であり、正式な名称はありません。要するに、政党が政治家個人に渡すお金を指します。

そして、この政党から政治家個人に渡されるお金は、渡した政党側の政治資金収支報告書には、日付、議員の名前、金額が記載されるのですが、渡された議員個人側には、その額や、それを何に使ったのかなどを報告して公開する制度がありません。なぜなら、政治資金規正法は、政治「団体」のお金のやり取りを可視化するため政治資金収支報告書の提出を義務付けていますが、政治家「個人」は原則として寄付を受けることが禁止されているため、政治資金収支報告書の提出を求められていないからです。この結果、特例として認められている「政治家個人が政党から受ける寄付」は、使い道を公開する必要のない「抜け道」のお金として、政治家たちに重宝されているのです。

渡された政治家個人が、このお金を何に使っていたとしても、それを我々国民がチェックすることが法的にできません。一般有権者からすれば、合法的な裏金作りが存在するようにしか見えないでしょう。

幹事長はなぜ「ナンバー2のポスト」といわれるのか

「政策活動費」について、もう少し詳しく説明していきます。

自民党のトップは総裁です。しかし、自民党が政権与党の場合、総裁は総理大臣として内閣を統率するため、選挙対策や国会対策、各種団体との協議、広報など党務全般を、通常はナンバー2の幹事長に委《ゆだ》ねます。このため、党のお金の使い方については幹事長が全権を握っているといっても過言ではありません。

自民党の幹事長を務める政治家には、自民党から、年間で数億円から一〇億円ほどのお

金がこれまで渡されてきました。これが、問題の政策活動費なのです。名目は、「政党の代わりに、党勢拡大、政策立案、調査研究を行うため、役職者に支給するもの」とされます。多くは幹事長に支出されますが、国会対策委員長、選挙対策委員長、副総裁、参議院自由民主党幹事長、政調会長などの党幹部にも支払われることがあります。二〇二二年の政治資金収支報告書によれば、自民党は党幹部一五人に対して、計一四億一六三〇万円を支出。これは、野党である立憲民主党も、党代表と代表代行兼幹事長二人に対して計一億円、国民民主党も幹事長と代表代行二人に対して計六八〇〇万円を支出しています。(※9)

政治家の資金管理団体や後援会といった政治団体、代表を務める政党支部に対してではなく、政治家「個人」に対して支払われる。そのため、政治資金収支報告書で使途を報告する義務はなく、ブラックボックスになっています。政治資金ですから、課税もされていません。これが長らく、「裏金化する抜け道」と指摘されてきました。

受け取った幹事長は、この政策活動費をみずから豪遊したり、貯蓄したりすることもできてしまうのですが、本書冒頭の「はじめに」でも紹介した通り、そのような目的で使われることは稀といわれています。幹事長は政策活動費をみずからの政治力拡大のために注ぎ込むのです。それらのお金の使い道は一切公表されませんから、必ずしも公正・公平に使われるとは限りません。幹事長にとってはこれほど都合のいい政治資金はないのです。

　幹事長はお金を配る代わりに、相手に頭を下げさせ、言うことを聞かせます。もちろん党所属の国会議員全員に均等にお金を配るわけではありません。政治的影響力を拡大させるため、自分の言うことを聞き、自分に役立つ国会議員に重点的に配ります。つまり、金額に差をつけるのです。逆に、自分に逆らう国会議員にはお金を配りません。

　さらに重要なのは、**政策活動費を受け取った幹事長が、誰にどれほどお金を配ったかは公開されないことです。国会議員たちは疑心暗鬼になり、ほかの議員よりたくさんお金をもらうため、競うように幹事長にすり寄ります。**

　ブラックボックスの政策活動費は、幹事長の権力の源泉です。幹事長はここで政治力を蓄え、首相の座を目指すのです。

過去には多くの国会議員に配られていた政策活動費

　過去には、政党から多くの所属議員に対して、頻繁《ひんぱん》にこの政策活動費が配られていました。

たとえば、六月下旬に配られる「氷代」、一二月中旬に配られる「もち代」として三〇〇万円（プラスマイナス一〇〇万円ほど）の額が配られていました。「氷代」「もち代」は派閥から配られる際は、派閥の政治団体と議員の政治団体それぞれの収支報告書に載るのが慣例です。しかし、以前は、政党から議員個人に配られる際に、政策活動費が使われていたことがあったようです。(※10、11)

「氷代」「もち代」以外に、不定期に配られることもありました。たとえば、法案を通すときに、反対している議員が党内にいたとします。そのときに、「そこをなんとか……」といって、政策活動費を支給する。

このお金を自分のポケットに入れてしまう議員もいるでしょう。しかし、政策活動費をもらった議員は、今度は自分の支持母体の幹部を接待したうえで、「今回はこれで我慢してください」といって、表に出ない裏金を渡して〝理解〟してもらう。こういうダーティーな使い方がされていたことも指摘されています。

ちなみに、自民党では党から多数の議員個人に政策活動費を広く配る慣習は、二〇〇四年を境になくなりました。(※12)これは、自民党の最大派閥だった橋本派（平成研究会）を巻き込んだ、日歯連ヤミ献金事件が同年に発覚したためです。

日本歯科医師連盟という業界団体の政治団体が、自民党の政治資金団体・国民政治協会に献金していたのですが、それが実質は「紐付き献金」だったという疑惑でした。政治家個人への企業・団体献金は禁じられています。つまり、紐付き献金は違法ということです。

この事件を受けて、自民党本部から議員個人への政策活動費の支給はやめようということになりました。しかし、党幹部が職務上必要とする場合には、政策活動費の支給もあり得る、としていたのです。幹事長をはじめとした党幹部に政策活動費が渡っている今の慣習は、まさに、この「党幹部が職務上必要とする場合」にあたるとされています。

ベールに包まれたお金「官房機密費」

幹事長をはじめ、政調会長、選挙対策委員長、国会対策委員長らが所属する「政党」のために使われる政策活動費。使途が表に出ないので、国民から見ると何に使われたのかわからないお金ですが、同じように使途を公開しなくてもいいお金が、「内閣」にも存在します。それが「内閣官房報償費」と呼ばれるお金です。内閣官房報償費は、一般的に「官房機密費」と呼ばれます。

官房機密費は、一度は耳にしたことがある読者もいることでしょう。毎月初めに内閣官房長官に支給されています。名目は、「国の事務又は事業を円滑かつ効果的に遂行《すいこう》するため、当面の任務と状況に応じその都度の判断で最も適当と認められる方法により機動的に使用する経費」（内閣衆質一七三第一〇八号）とされています。

高度な政治判断により機動的に使用することが必要な「政策推進費」が主で、これが官房機密費の九割以上を占めます。たとえば、外国で日本人がテロ組織に拘束された際、その救助をするために、諸外国の要人に必要なお金を迅速に渡す際、緊急的に使用されるお金、といえばイメージがつきやすいでしょう。**官房長官に渡された時点で支出完了となり、帳簿も領収書も不要**です。正確な使い道を知っているのは官房長官ただ一人、ということになります。

官房機密費には、これ以外にも、必要な情報を得るための飲食代といった「調査情報対策費」、慶弔《けいちょう》費、交通費など円滑な活動を支援する「活動関係経費」がありますが、これらは政策推進費と比べると額は小さく、事務の担当者が出納《すいとう》管理をしています。ここでは、政策推進費を中心に話したいと思います。

年間一一億円を使える内閣官房長官というポスト

ベールに包まれている官房機密費ですが、官房長官、官房副長官を務めたことがある政治家が語り明かす言葉から、その実態を推測してみましょう。

鳩山由紀夫内閣で官房長官を務めた平野博文《ひろふみ》元議員は、二〇二四年五月、みずからが管理する機密費（政策推進費）が月に七〇〇〇万円程度あり、いずれも領収書を取らずに使ったことを中国新聞のインタビューに答える形で証言しています。(※13)

麻生太郎内閣で官房長官を務めた河村建夫《たけお》元議員は、二〇二三年一二月、機密費は月一億円ほど支出し、使い道は「大きな額は麻生太郎首相（当時）に相談をしていた。指示があるときもあった」と朝日新聞の取材で証言しています。「陣中見舞いとして持って行くことがあった」「野党対策とかの必要経費として（自民党の）国会対策委員会に渡した」とも語り、選挙や野党対策にも使われたことを明かしました。(※14)

小渕恵三《おぶちけいぞう》内閣で官房副長官を務めた鈴木宗男《むねお》議員は、二〇一〇年七月のTBSのテレビ番組で、一九九八年の沖縄県知事選挙で稲嶺恵一《いなみねけいいち》陣営支援のために、機密費を「三億円使ったと聞いている」と証言もしています。

三人の言葉から、機密費（政策推進費）は、ひと月一億円前後使える予算があり、領収書も不要で使うことができること、首相の意向に沿った使い方をすること、選挙の応援や野党対策のお金として使うこともあり、場合によっては三億円といった大きな額を持ち出すことができることなどが浮かび上がってきます。安倍晋三《しんぞう》内閣で官房長官を務めた菅義偉《よしひで》元首相ですが、官房長官在任中の二八二二日間に支出した機密費は八六億八〇〇〇万円にのぼることが、共産党の機関紙・しんぶん赤旗が情報公開で手に入れた文書から判明したといいます。一日あたりで平均すると三〇七万円という額ですから、すごい額が外部からチェックできない状況で使われているのです。(※15)

「内閣」のカネを握る官房長官と「党」のカネを握る幹事長の関係

官房機密費という多額のお金を自由に操れる官房長官は、内閣を支える重要な役職です。党のお金を自由に操れる幹事長も党を支える重要な役職です。両者は立場こそ違いますが、どちらも莫大《ばくだい》な金を差配する権限を持っています。

ただし、官房機密費は内閣のお金にもかかわらず、政党が使う政策活動費のように、選挙対策に使用したり、野党対策で国会対策委員会に渡したりすることもあるというのですから、なんでもありの状態といえます。

この官房機密費は金額も大きいことから、たびたび国会でも使途を公開するようにとの議論が繰り返されてきましたが、ベールが剥《は》がされることはありませんでした。

官房長官は「首相の女房役」といわれ、首相とツーカーの関係である議員が選ばれることが多いポストです。一方、幹事長の場合は、党を動かすことができることが重視されるため、総裁や代表とツーカーの政治家が就くというわけではありません。場合によっては、首相のライバルの政治家が務めることもあります。こういった事情を知っていると、政治のニュースの理解が深まるでしょう。

野党がこっそり受け取る与党からの裏金

官房機密費は野党対策にも使われるといいますから、官房機密費の実態がわからないのは、与党だけの責任ではないかもしれません。

具体的にはどのように使われているのか。たとえば、与党が法案や予算を通す際、反対している野党を説得しなければなりません。議席の数は与党が過半数を占めていれば、強行採決で法案を通すことは可能です。

それにもかかわらず、与党は強行採決を嫌がるものです。というのも、強行採決をすれば、与党が数の力で強引にねじ伏せた、という印象を残すからです。

その法案を通すだけが与党の目的であるならば、強行採決でも問題はないかもしれません。しかし、その後も、重要な法案を通していく必要があります。それを考えると、話し合いでまとめることは重要なのです。

どの法案を成立させ、どの法案を廃案とするのか。与党と野党の国会対策委員長は水面下で協議を重ねます。もちろん与党は法案成立を、野党は成立阻止を目指すのですが、国対委員長同士はそれぞれの党内での立場に配慮し、譲り合うこともあります。さまざまな貸し借りが密室で行われるのです。

その際に政党の利益を損なっても自分自身の利益を密かに優先して交渉する可能性もあります。国対協議はすべてブラックボックスなので、表面化することはほとんどありません。どうしても協議がまとまらないときに官房機密費が投入されることがあるといわれてきました。「最後はカネで解決」というわけです。

もっとも「いくら渡すから法案に賛成してくれ」という露骨な使い方はしません。**相手も大義名分がなければ、お金を受け取りません。**渡す側は、うまく受け取ってもらえるように工夫をこらします。誰しも不正をすることは嫌なのです。これはビジネスにも通じる面があるでしょう。法案の成否とは別に名目で、「日頃からご苦労をかけています」「与野党の壁を越え、国会を円滑に回していくのは国家のためでもあります」などといって、受け取りやすくするのです。

そうした**やり取りを重ねていくうちに、野党側も「最初は猛反発すれば、最後にお金がもらえるかもしれない」と考えるようになり、「お金で解決」が常態化する恐れがあるの**です。これが与野党の「談合国会」の一断面です。

横行する国会議員による地方議員の買収

河井克行《かつゆき》元法務大臣は、二〇一九年の参議院選挙で地方議員を買収していた罪で実刑判決が確定しています。二〇一九年の参院選では、定数二の広島選挙区に河井元法務大臣の妻である河井案里《あんり》候補が自民党公認で出馬しています。

自民党は当選五回を数える現職の溝手顕正《みぞてけんせい》議員も擁立し、自由民主党広島県支部連合会がバックアップしていました。自民党の本部から推されていた河井候補ですが、厳しい戦いだったのです。

厳しい選挙戦を勝ち抜くためには、無党派層からの得票を増やすことが第一ですが、無党派層よりも自民党支持層に支援を呼びかけるほうが話は早いです。そこで、河井候補と夫の克行氏は、地元の県議や市議に働きかけて、溝手議員に流れていた自民党票を奪おうとしました。

河井夫妻は地元議員ら一〇〇人に約二九〇〇万円の選挙運動報酬を渡しました。これが奏功《そうこう》したのかどうかはわかりませんが、河井候補は溝手候補に競り勝ち、当選を果たしました。一方、自民党票を奪われた溝手議員は落選しています。その後、河井夫妻がやっていた行為は、地方議員の買収と判断されました。

国会議員が地方議員を頼ることは政界ではごく一般的なことです。なぜなら、地方議員のほうが地元に密着した活動をしていて、有権者との距離が近いからです。しかし、金銭を渡して票の取りまとめをお願いすればアウト。第2章で解説したように、公選法違反（買収）になるかならないかは微妙な違いなのですが、国会議員による地方議員の実質的な買収は、横行しているといえます。

町長選になると五〇〇〇円の新札が飛び交う？

「政治とカネ」の事件は、地方選挙でも蔓延《はびこ》っているのです。

たとえば、千葉県はかつて「金権千葉」という悪名が定着していたほど、お金が飛び交う選挙で有名でした。「玄関を開けたままにしていたら札束が投げ込まれていた」というジョークのような逸話も、千葉の選挙では真実味をもって語られます。

県議選では一票が二〇〇〇から三〇〇〇円、町長選では同五〇〇〇円、首長選は同一万円が相場といわれ、「町長選になると五〇〇〇円の新札が飛び交う」というエピソードまで残っています。あまりに違反が多いため、一九八〇年代には、千葉県選挙管理委員会が「買収には応じません」と書かれたステッカーを一四〇万枚作って、各戸に配ったほどです。(※16)

一九八六年七月、衆院千葉二区（定数四）から立候補している保守系候補の選挙違反で、一一人が公職選挙違反で逮捕されました。事務所の捜索で、数千円入りの封筒が二〇〇通も押収されたのです。数千円から数万円で票の取りまとめを頼むか、数千円で投票を依頼するかという買収が行われていたのです。(※17)

そして、一九九〇年代以降も、金権千葉の体質は変わりませんでした。

一九九九年、県議選の東金市選挙区（定数二）で買収事件が起こり、初当選した県議一人と、東金市議の三分の一を超える市議九人が逮捕されます。県議になった人が、市議会のベテラン市議に、現金三〇〇万円を渡して、票の取りまとめを依頼。そのベテラン市議は、それを原資に、四人の市議にそれぞれ一〇〇万円を渡しました。お金を受け取った市議らは、今度は同僚の市議や、公民館長ら各地区の有力者にお金を再分配して票の取りまとめを頼みます。つまり、ピラミッド型の買収システムを作り上げていたことが明らかになったのです。(※18)

この市議の辞職に伴《ともな》う市議補選では、立候補した一五人が、「買収行為は絶対しません」という誓約書を選挙管理委員会に任意で提出するという、笑い話のようなことまで起きました。(※19) これでは、ステッカーが配られた一九八〇年代と、なんら変わっていません。

ただ、これらの「政治とカネ」の事件は、政治家ばかりが悪いというわけでもなさそうです。一九八〇年代、木更津市の漁港で、選挙のボランティアスタッフが有権者に声を掛けたところ、「カネ持ってきたか。なければ用はない」と突き放されることが、同地区ではあったといいます。選挙の買収金は数千円でした。しかし、これは地元の水産加工業で働く女性たちの日当の二日分だったのです。底冷えする作業場で働く彼女たちにとって、選挙でどんな政策を訴える候補者が当選するかよりも、現金数千円を手に入れるほうが、重大な関心事でした。それが選挙の現場の実像です。(※20) やはり「お金で票を買う」側の行為を厳しく禁じることが欠かせません。

裏金を知らないうちに受け取ってしまうことも

政治家同士や政治家と各地域の有力者の間で、お金が飛び交い、票の取りまとめをするという構図。そして、そこで使われているお金は、裏金であることも多いという事実。このような話を聞くと、「自分には関係のない話だ」と思う方が多いかもしれません。しかし、この裏金が、回り回って、気がつかないうちに自分のところにきている可能性もあります。

たとえば、近所で騒音が発生する工事をすることになりました。そのときに、町内会の会長が、近所を一軒一軒回って、五〇〇〇円の商品券を配っていたとします。

これは、「音がうるさくなるので、すみません」とか、「高層ビルが建つので、あなたの家から富士山が見えなくなるけど、許してあげてくれ」といった意味合いでしょう。すると、この五〇〇〇円の商品券の出どころを辿《たど》っていくと、開発している大手ゼネコンが地元対策費として予算をつけ、それが国会議員や県議、市議に裏金として流れていた、という真相を知ることになります。それが町内会の会長に渡り、そこから自分の手元に五〇〇〇円の商品券に化けて届いたのです。

政治の裏金というと、自分には関係ない、と思う人が多数でしょうが、このような例で、気づかないうちに受け取ってしまっていることもあります。

末端に届くまでに商品券や図書券に化けている場合もあれば、全員にお金を配らず、町内会・自治会の役員や商店街の理事、マンションの管理組合の理事長といった人たちのみに配ってなんとかしてもらうケースも考えられます。意外に身近なところで、政治の裏金がまかり通っているかもしれないのです。

号泣議員で話題になった地方議員の「政務調査費」

二〇一四年七月、兵庫県県議会の野々村竜太郎県議が、一年間に一九五回もの日帰り出張をして三〇〇万円の支給を受けていたことが問題視されました。記者会見を開いた野々村議員は、会見で号泣し、その様子がテレビ画面を通じて全国で話題になりました。

野々村県議の会見でクローズアップされたのが「政務調査費」です。これは国会議員には支給されていないお金で、地方議員だけに配られています。地方自治法の第一〇〇条に「議会の議員の調査研究に資するため必要な経費の一部として、（略）政務調査費を交付することができる」（第一四項）と規定された、正式に認められたお金です。政務調査費の歴史は浅く、制度化されたのは二〇〇〇年になってからでした。(※21)

お金の流れを説明すると、議員個人が受け取る場合は、月の三日までに議長を経由して、市長に申請します。その際、振り込みを受ける議員本人の口座を申請書に書けば、各月の一〇日に当月分が支給されます。交付を受けた議員は、政務調査費にかかる収支報告書を作成し、領収書等を添付。翌年度の四月三〇日までに議長に提出し、それが市長に送付される形です。ちなみに、この収支報告書は、誰でも閲覧できるようになっており、政策活動費や官房機密費に比べれば、透明度は高いです。

野々村県議が問題の発端となり、このお金を調査研究のためにではなく、お小遣い代わりに不正利用していた地方議員が全国にたくさんいることが、事件の後に続々と判明しました。それらが報道されることで、政務調査費にも厳しい目が向けられるようになります。

しかし、有権者の怒りは、政治家には届きませんでした。二〇一二年には法律が代わり、「政務活動費」という名称に変わりました。その際、「議会の議員の調査研究その他の活動に資するため必要な経費の一部として、（略）政務活動費を交付することができる」（地方自治法第一〇〇条第一四項）と変更されます。**調査研究以外に、「その他の活動」という言葉が入ったことで、より自由に使えるようになったともいえる**でしょう。有権者はこれまで以上に、地方議員のお金の使い方に目を光らせなければならなくなったのです。

このように、国政、地方問わず、日本の政界は金権体質から抜け出せていないのが現状です。

次章では、この金権体質から抜け出せない一助となってしまっている、マスメディアと官僚の話をしていきたいと思います。

第4章

「政治とカネ」の暗黒回廊に巣くう官僚とマスコミ

人事権を奪われた官僚

本章では、「政治とカネ」をめぐってさまざまな問題を抱えている政治家に対して、エリートである中央省庁の官僚たちの力が弱まっていること、さらには政治権力を監視する立場にあるマスコミのチェック機能が十分に働いていない現状を明らかにしたいと思います。

二〇一二年に第二次安倍政権が発足してから、多くの官僚が安倍晋三《しんぞう》首相に対してかなり気を遣っている様子が見て取れました。官僚が安倍首相の気持ちを先取りして汲《く》み取る「忖度《そんたく》」は、二〇一七年に流行語大賞にも選ばれています。官僚が政治家に対して気を遣うのが国民に知れ渡ったのは、この時ともいえるでしょう。

どうしてそのような構図になっているのか。真っ先に思い浮かぶのが、官僚も「出世したいから」という理由です。これは、民間企業に勤めていれば、誰もが理解できる話です。社長や副社長、直属の上司に嫌われたら、その後の出世に響きます。給料は上がらなくなりますし、つまらない雑務ばかりやらされる部署に異動させられたり、知り合いもいない遠く離れた地方の営業所に飛ばされたり、はたまた子会社・孫会社に出向させられる可能性だってあります。

官僚が地方へ出向させられても、それが左遷人事というわけではありません。しかし、官僚だって人間です。出世のために地方へと出向を命じられるのなら自分磨きのためと言い聞かせて受け入れられますが、左遷目的を含む異動には耐えられません。

第二次安倍政権では、これまで省庁が各自に持っていた人事権を内閣人事局に集約しました。内閣人事局は政治主導という大義名分を錦《にしき》の御旗《みはた》にして、各省庁から人事権を奪いました。これは、首相や官房長官の意に背くようなことをしたら、ただちに報復人事ができる仕組みといえます。

政治が官僚の人事を掌握《しょうあく》したこともあり、第二次安倍政権では官僚の忖度が蔓延《はびこ》りました。その結果、官僚は以前にも増して安倍首相や菅義偉《よしひで》官房長官の顔色ばかりを窺《うかが》うようになってしまったのです。(※1)

その好例ともいえるのが、集団的自衛権における解釈改憲議論と検察庁法の改正議論でした。前者は第二次安倍内閣で内閣法制局長官を交代させて憲法解釈の変更を実現しています。後者は検察庁法で定められた東京高検検事長の定年を、閣議決定で延長させようとしたことです。

役人が恐れる「官房長」というポスト

各省庁のトップは政治家なら大臣、官僚なら事務次官になります。財務省でたとえるなら、財務事務次官がナンバーワンの役職になりますが、それではナンバーツーはどんな役職になるでしょうか。一般的に知られていませんが、その次は国の予算編成を司《つかさど》っている主計局トップの主計局長という役職です。そして、ナンバースリーがここで触れる官房長になります。官房長から主計局長を経て、事務次官になるのが財務省の出世コースの定番です。

各省には「大臣官房」という部署が一つずつ設置されています。経産省大臣官房、農水省大臣官房、国交省大臣官房といった具合です。それぞれ、大臣の世話をする「秘書課」や職員の人事を扱う「人事課」、労務管理を担う「総務課」などを総括する部署とお考えください。官房長というポストは、このトップになります。各省の大臣官房は内閣府設置法や国家行政組織法に設置根拠が規定されていますが、設置に関しては任意のため、ないところもあります。

そんな大臣官房の仕事は、非常に曖昧《あいまい》ですが、重要でもあります。財務省のみならず各省でも一度は経験しておかないと、事務次官になれません。つまり、官房長の経験を経ることは官僚人生において重要なのです。そこまで重要な官房長の仕事ですが、一般の国民は官房長がどんな仕事をしているのか知りません。

官房長の仕事は省庁の業務を総合的に「調整」することとされています。これだけ聞くと、官房長が何をしているのかさっぱり理解できません。しかし、次のように説明すると、誰もがピンと理解できます。**官房長の重要な仕事は、役人の天下りを世話することと、役所にさまざまなことを要求してくる政治家への対応**です。

要するに官房長は政界、官界、業界の利害を調整する「扇《おうぎ》の要《かなめ》」のような役割で、「政官業の癒着《ゆちゃく》」のど真ん中にいるといっていいでしょう。そこでさまざまな利権に関わり、さまざまな裏情報に接し、さまざまな貸し借りを重ねることで、大物官僚として影響力を拡大し、出世階段を駆け上《のぼ》っていくのです。官房長は事務次官への登竜門といえます。

官房長が利害調整に動くのは、国会議員と中央省庁の間だけではありません。たとえば、国土交通省は各地に地方整備局や運輸局といった出先機関をたくさん抱え、数多くの公共事業を取り仕切っています。通常はそれぞれの出先機関が直接、政治家や業界とやり取りして利害調整を進めていくのですが、どうしても利害が衝突して、まとまらないことは少なくありません。本省の担当局長が乗り出しても解決しない——。そこで官房長の出番がやってきます。官房長は大臣の意向を踏まえつつ、省内やほかの省庁、さらには国会議員、業界など多方面の意見を聞きながら落としどころを探っていくのです。官房長はこうして省内、他省庁、国会議員、地方自治体、業界などに人脈を広げていき、影響力を拡大していきます。まさに裏仕事の連続で、おおやけにできない秘密をたくさん抱えるのです。

私は数多くの官房長を見てきました。官房長に就任する前は人当たりが良くて朗《ほが》らかな人も、官房長に就任して事務次官のポストが見えてくると、どんどん表情が険しくなり、朗らかさが消えていく姿を目の当たりにしてきました。よほど後ろめたい仕事をしているんじゃないかと勘ぐりたくもなります。

官房機密費の金庫の暗証番号を知る「内閣総務官」とは

第3章でも触れましたが、官房長官は、官房機密費を自由に使うことができる権限を有しています。官房機密費は莫大《ばくだい》な金額ですし、その使途を公開しなくてもいい決まりになっています。機密費を渡した人への領収書も公開する必要はなく、そもそもお金を受け取った人・団体・企業が領収書を書かないケースも認めています。このような自由に使える官房機密費の力が、官房長官を絶対的な権力者に押し上げています。

しかし、官房長官が一人で金庫を管理しているわけではありません。当然ながら、官房機密費の金庫を管理している事務担当者がいます。それが、「内閣総務官」と呼ばれる職員です。彼らは、官房長官の指示を受けて、国庫に請求します。その後、小切手で振り出された後に現金化されたものを、首相官邸内の金庫で保管するのです。(※2)つまり、官房機密費の秘密を握っている、数少ない役人になります。

内閣総務官は、このような金庫の管理のほか、各省庁から上がってくる国会の答弁書を取りまとめる役割もしています。受け取った答弁書は首相や官房長官、各大臣が答弁できるようにチェックします。これも、省庁と政府を調整できるポストともいえるでしょう。

内閣総務官は官房長官の仕事を事務面でサポートする、いわば黒子のような立ち位置にあたる役職ですが、内閣総務官がいなければ国会運営もスムーズにはできません。

「政官財」の癒着の仕組み

政治家は業界から政治献金を受け、選挙では支援を受けます。その代わりに業界から補助金や規制緩和といった要望を受け、役所に要請します。役所はそれに従った政策を進める代わりに、業界にOBを天下りとして受け入れてもらいます。これが「政官業」の癒着の仕組みです。

政治家が政治献金や選挙支援を得るために、あるいは、官僚が天下り先を得るために、業界へ必要以上の補助金が支給されたり、あるいは、国民生活を守るための規制が緩和されたりして、政策が大きく歪《ゆが》められる恐れがあるのです。

政治家は国民生活の向上よりも自分が政治資金をたくさん集めて選挙に勝つことを優先し、官僚は自分たちが定年後も豊かに暮らしていくためのポストをたくさん獲得することを優先する。このような政治・行政が許されるはずがありません。けれども残念なことにそれが横行しているのが、いまの日本の実態です。

たとえば、マイナンバーカードの問題を考えてみましょう。政府は「国民の利便性が増す」ということばかりを強調していますが、実際には、マイナンバーカードという新規事業を展開することで、マイナ保険証を導入する医療機関をはじめ、関係業界への新たな補助金が発生します。さらには、個人情報保護を目的としたさまざまな業界団体が新設され、そこが官僚の新たな天下り先となるのです。

政府をあげて国策で進める新事業には、巨額の予算がつくことが確実なため、多くの役所や、役所と一体化している国会議員（族議員と呼ばれます）が群がります。マイナンバーカードでいえば、納税に活用することを目論む財務省、実務を担う地方自治体を所管する総務省、健康保険を所管する厚生労働省、デジタルを所管するデジタル庁、運転免許証を所管する警察庁などです。ほかの役所に先んじてマイナンバーカードにコミットすれば、それだけ自分たちの補助金や天下り先を増やすことができます。(※3)

政治家はカネと票を集めること、官僚は天下り先を増やすこと。彼らの最優先課題はそこにあります。そこから逆算してさまざまな政策を立案していくのです。

業界団体と省庁と政治家のみが「ｗｉｎ－ｗｉｎ」の関係

政官業の癒着を、農協を例に考えてみましょう。

農協は農家を束ねる巨大組織です。農業技術を開発して農家を指導したり、肥料や種苗を提供したり、農作物を宣伝して流通販路を開拓したりするほか、農家から預金を集め、高額の農機のあっせん販売をして経営資金を貸し付ける巨大金融機関でもあります。農協から脱退すれば、独自で流通販路を開拓しなければならず、備蓄のための倉庫を借りることもできなくなります。よほどのやり手の農家でなければ農協に依存するしかないのが現状です。

農林水産省は農家に直接補助金を支給するのではなく、農協を通して支援をします。その代わりに農協関連団体に天下ります。農水族議員は農協への支援を農水省に迫る代わりに、農協から選挙で支援を受けます。農家を束ねる農協の組織票は、農業が盛んな地域では選挙の勝敗を大きく左右します。

二〇〇九年に誕生した民主党政権は、自民党政権を支えた「農林族議員—農水省—農協」の政官業癒着の構造を打ち壊す切り札として、「戸別所得補償制度」を打ち出しました。農協を通さず、個々の農家に直接補助金を支給する仕組みです。これによって自民党の政治基盤である農協を弱体化させ、農家を民主党支持に引き込む狙いがありました。

しかし民主党政権は三年余で倒れ、自民党が政権復帰した後は、再び「農林族議員—農水省―農協」の鉄のトライアングルが復活しています。

農協の事例は、あくまでも業界団体と省庁の癒着を示す一例ですが、こうしたことは全業界に蔓延っています。たとえば、厚生労働省と関係が深い薬剤師業界[※4]・看護師業界[※5]は、自民党を実質的に支援しています。自民党の比例区で業界を代表する人が出馬することもあります。

こうした業界団体と強く結びつき、業界団体の代表として政治活動をしている政治家を一般的に族議員と呼びます。道路利権に食い込んでいる政治家なら道路族、郵政に食い込んでいる政治家は郵政族といった感じです。

彼らは業界団体と付き合いながら、政策を決めています。国民のことなど、まるで見ていません。診療報酬なども、国民を見て決めるのではなく、政治団体に寄付をしてくれる医療業界団体の意見を採用するのです。

こうした「ｗｉｎ－ｗｉｎ」の関係を業界団体と省庁と政治家は強固に築いています。私は一般有権者が堂々と「もっと国民にお金をくれ」と露骨にいっても構わないと考えます。業界への天下り、補助金を断ち切れば、もっと国民にお金を配ることができるはずです。

事務次官は死ぬまで〝上級国民〟扱い

官僚は年功序列の世界です。国家公務員採用一種試験に合格し幹部候補生として採用された官僚を俗にキャリアといいますが、キャリア官僚は横並びに本省の課長級ポストぐらいまでは順調に昇進していきます。

そこから上のポストは数が一気に減るので、定年を待たずに、退職を促されるようになります。出世競争を勝ち抜いて事務次官まで上り詰めると、同期はすべて退職するのが慣例です。

この退職者は自力で再就職先を探すことは稀です。先述した官房長が、再就職先を斡旋《あっせん》しています。そして、先に指摘したような天下りも行われます。

天下りには暗黙のルールがあります。退職時の最終ポストによって、年収をはじめとする天下り先のランクが決まっているのです。退職後、何歳まで天下り先の面倒を見てもらえるかも、最終ポストによって違ってきます。**事務次官まで上り詰めると、生涯、天下りポストと黒塗りの車と秘書が用意してもらえる**ともいわれています。天下りは一回だけではありません。数年周期で次々に天下り先を渡り歩き、そのたびに退職金を手にすることができます。これは「渡り」と呼ばれています。

東大など高学歴を有するキャリア官僚たちは、大企業に就職した同級生たちに比べて現役時代の賃金は低い傾向にあります。彼らにすれば、退職後の「渡り」で高額の退職金や役員報酬を受け取り、現役時代に同級生たちより手取りが少なかった分を取り戻そうという意識があります。そのためには役所で出世競争に勝ち抜き、事務次官や局長にのし上がらなければなりません。彼らが現役時代に決して上司に刃向かわず、忠実に業務を推進し、同期との出世競争に明け暮れるのはそのためです。

これはキャリア官僚のケースで、ノンキャリアと呼ばれる一般の官僚は、定年まで勤めることも多いです。ノンキャリアは再就職の面倒を見てもらえず、自分で再就職先を探さなければなりませんが、自分が便宜を図ったことがある業界に、個別に再就職を打診したりもします。これも不正の温床になっています。

天下り官僚たちに支払われる退職金や報酬、族議員が手にする政治献金だけなら、それほどの巨額にはならないかもしれません。それ以上に**問題なのは、天下り先や政治献金のシステムを作るために、不毛な巨大事業が生み出され、そこへ桁違いの税金が投入されること**です。天下り官僚の数百万円・数千万円の退職金や報酬を作り出すために、数百億円・数千億円規模の公共事業が立案されることもあるのです。

マスコミに流れる巨額な広告費

国民の血税が天下りという官僚の再就職先に使われていることも問題ですが、血税は大手メディアにも流れ込んでいます。ここでいう大手メディアとは、主にテレビ、新聞のことを指します。

顕著《けんちょ》な例が、選挙です。選挙に合わせて、テレビで大政党のCMが大量に流され、新聞広告も出稿されます。これらの宣伝に使われるのが、税金が原資となり、各政党に配られている政党交付金（政党助成金）です。ちなみに、いつ総選挙があるかもわからない衆院選よりも、解散はなく定期的に選挙のある参院選のほうが、それに向けての広告費が多く投入される傾向にあります。

そこで、夏に参院選挙があった二〇二二年分の政党交付金使途等報告書を見ていきましょう。図表6は、報告書の「宣伝事業費」のうち、宣伝広告（宣伝広報）といった名目の費用を抜粋した金額です（一万円以下は切り捨て）。大手メディアに流れる広告費は、金額

図表6　政党助成金が使われる政党の宣伝広告費（宣伝広報費）（2022年）

自由民主党	31億9818万円
内訳の一部	
電通（宣伝広報費）	9億8929万円
自由企画社（宣伝広報費）	19億2909万円
立憲民主党	20億5337万円
内訳の一部	
博報堂（広告費）	17億1917万円
博報堂（制作費）	1074万円
読売広告社（新聞折込料）	1億4012万円
日本維新の会	14億5722万円
内訳の一部	
大広（衆院選広報業務委託費）	3億6000万円
大広（参院選広報業務委託費）	9億2563万円
大広（その他）	8443万円

（1万円以下は切り捨て）

が大きいため、総額の大きい上位三党のみを取り上げます。

報告書の中身を見ていくと、自民党は、広告業界最大手の電通への発注が目立ち、その支社・関連会社も含めると総額で一〇億円をゆうに超えています。自民党には直系の広告会社・自由企画社があり、そこから広告代理店に業務が発注されることもあります。この自由企画社にも、自民党から一九億円もの巨額のお金が入っていました。

民主党は、広告業界大手の博報堂とその関連会社の読売広告社に合計一八億円を超える額の発注をしています。

日本維新の会は、大阪に本社を置く

広告代理店で、博報堂の関連会社である大広に自民党と立憲民主党に負けないくらいの金額を投入しています。

もちろん、これらの広告費のすべてが、大手マスコミに入っているわけではありません。しかし、この数字を見るだけでも、巨額の広告費が、代理店を通じて、マスコミに流れていることが予想できます。

テレビは、多くの人が目にする媒体です。近年、テレビの影響力は低下しているともいわれていますが、それでも選挙になればテレビの報道番組で党首討論をやりますし、政見放送だってあります。テレビの威力は、いまだ大きいといえるでしょう。

そして、報道機関という使命があるとはいえ、テレビ局や新聞社も企業です。スポンサーである政党から多額のCM料・広告費をもらっていたら、選挙報道でも手心を加えてしまうことがあっても、不思議ではありません。

こうしたマスコミに流れる広告費の問題は、上限を設けるなどして各政党を横並びにするといった対策を講じる必要性もあるかもしれません。競争条件を一律にしなければ、資金力のある政党がCMや広告費をたくさん使い、選挙で有利になります。しかも、そのお金の元は、我々の税金なのです。

政治家のカネで成り立っているマスコミの政治報道

官房長官が自由に使える官房機密費は使途が公開されないので、実態は明らかにされていません。しかし、小渕恵三《おぶちけいぞう》内閣で官房長官を務めた野中広務《ひろむ》衆議院議員は、マスコミ対策にも使っていたことを後に告白しています。

野中元議員によれば、政治評論家やジャーナリストなどにも幅広くお金を配っており、これらのお金を配ることで、政権や自民党に対して厳しい批判をさせないようにしていたとのこと。官房長官である野中元議員が評論家やジャーナリストのランクを決めて、それに応じて配る金額を決めていたようですが、なかには「家を新築したから」といった理由で無心してきた評論家もいたようです。そして、この機密費を受け取れないと返してきた唯一のジャーナリストが、田原総一朗氏だった、というのは有名な話です。

官房機密費を管理する官房長官には、首相官邸の記者クラブに所属する新聞社やテレビ局、通信社のマスコミ各社が、番記者を張り付けています。

官房長官は毎夜、官房長官番の記者を集めてオフレコ取材に応じるのが通例です。私が福田康夫内閣の町村信孝官房長官の番記者だったときは、毎晩のように赤坂プリンスホテルの一室に各社の番記者十数人が集まり、町村氏を囲んでオフレコ懇談《こんだん》をしていました。

町村氏は首相官邸の政策決定の背景や理由などをその場で詳しく説明し、番記者たちの意見を聞くこともしばしばです。官房長官番としては首相官邸の本音を探る貴重な取材機会でした。町村氏の発言は「政府首脳」や「政府高官」のコメントとして記事に引用することができます。

このオフレコ懇談の場には、飲み物とおつまみ程度は出ます。部屋代や飲食費は官房機密費から支出されている可能性が高いでしょう。けれども私が知る限り、「官房機密費が使用されている官房長官のオフレコ懇談には出席しません」と表明した歴代官房長官番は一人もいません。そんなことをすれば、官房長官番としての日々の取材が成り立たなくなるからです。これは個々の記者のモラルの問題という以上に、マスコミ各社の政治取材体制の根幹的な問題といえるでしょう。

政治家とオフレコの会食を繰り返すのは、官房長官の番記者だけではありません。財務大臣や外務大臣などの閣僚たち、幹事長や政調会長などの自民党幹部たちには、それぞれ番記者が張り付いています。毎夜毎夜、大物政治家たちは東京都内のあちこちで、番記者たちと会食し、オフレコ取材に応じています。安倍晋三首相が大手マスコミの著名な政治記者を集めて定期的に会食していたことは、世論から激しい批判を浴びました。

これらの会食代を記者側が負担することもあります。近年は政治家と政治記者の関係に対して厳しい目が注がれ、記者側が費用を負担するケースも増えました。しかし、私が朝日新聞政治部に長く在籍していた経験では、番記者が毎夜のように政治家と会食する費用は取材経費として認められることはほとんどありませんでした。このため、番記者が政治家に会食代を負担してもらう慣習は今も続いていると見られます。その資金の出どころは、首相官邸の政治家であれば官房機密費、自民党の政治家であれば領収書不要の政策活動費の可能性があります。

そのような取材体制で、はたして政治家を厳しく批判できるのか。政治家の世論操作に利用されているだけではないのか。マスコミ不信が強まっている大きな要因がここにあります。マスコミ各社の取材体制のあり方そのものが問われています。

これらの報道姿勢が、もちろん、そのまま本書が扱う「政治とカネ」を追及できないことにつながっていくのは、いうまでもありません。

政治家・官僚とは適切な距離を保ち、読者である国民のことを真剣に考えた報道ができる「第四の権力」こそが、求められているのです。

第5章

日本の金権政治はやめられるのか

――諸外国の政治資金規制と日本の問題点――

「政治家」という生き物

ここまで、政治家がどのようにお金を手に入れ、それをどのように使っているのかという視点から、政治家の実像に迫ってきました。最終章では、政治家の本性をさらに深掘りしつつ、諸外国の政治資金の実情にも触れながら、私たちはどのように政治家や選挙に向き合っていけばよいかを考えてみたいと思います。

本書の冒頭でも、国会議員が政治家を志した理由は、総理大臣になるためだと指摘しました。こういう野心家でなければ、選挙運動はできません。そもそも相当な自己顕示欲がなければ、選挙に出る行為にも耐えられません。選挙に立候補すれば、街のあちこちに立っている掲示板に、自分の顔写真が入ったポスターが貼られることになります。恥ずかしくて外を歩けない、と思っても、おかしくはない状況ですが、政治家を志す人は平気です。むしろ、それによって気持ちが奮い立ったり、優越感すら得ていたりします。

政治家を目指す人は英雄の伝記を読む方が多いのですが、今の現役の国会議員の大半は、司馬遼太郎の本を読んでいることでしょう。彼らは司馬遼太郎の歴史小説を「英雄伝」として読み、みずからを主人公に重ね合わせています。坂本龍馬を描いた『竜馬がゆく』や西郷隆盛を描いた『翔ぶが如《ごと》く』といった幕末から明治維新にかけての作品を好む国会議員が圧倒的に多いようです。その結果、単に歴史小説を楽しむだけではなく、司馬遼太郎の歴史観に大きく影響されている国会議員も少なくありません。

司馬遼太郎は近代では坂本龍馬や西郷隆盛、戦国時代では豊臣秀吉に強い思い入れがありました。私はこれらの作品よりも、むしろ司馬遼太郎があまり好きではない徳川家康を描いた『覇王の家』のような作品が好きです。新聞記者出身らしく、徳川家康という権力者の生涯を突き放して観察し、冷徹に描き切っているからです。

政治家が好む司馬作品と、私のようなジャーナリストが好む司馬作品に違いがあるのは当然ですし、そこに司馬遼太郎が幅広い読者を獲得した秘密があるような気がしますが、国会議員たちが「英雄伝」を好み、いつか自分も英雄になりたい、総理大臣になって喝采《かっさい》を浴びたい、そして小説や映画の主役として描かれたい、という願望を胸に秘めていることは間違いありません。

政界で影響を持ち続けた安倍晋三と田中角栄

このような政治家はおおむね権力志向ですが、その権力志向にもバリエーションがあります。先祖代々にわたり政治家を輩出する地元の名家で生まれ育った安倍晋三《しんぞう》氏や麻生太郎氏のようなタイプは、少なからず政治家を家業としてやっている部分があるでしょう。二〇二四年、自民党総裁選に出馬した小泉進次郎氏も、父の純一郎氏が総理大臣、祖父の純也氏が防衛庁長官、曾《そう》祖父の又次郎氏が逓信《ていしん》大臣を務める四世議員です。このような世襲議員の多くは、育つ環境も関係し、物心ついた頃から「自分は当然、リーダーだ」と思うタイプです。

ただ、世襲議員だからといって、必ずしも持ち上げられることばかりではありません。たとえば、安倍晋三氏は政治名門一族の三世議員でしたが、祖父の岸信介氏と安倍寛《かん》氏はともに東京帝国大卒、父の安倍晋太郎氏も東大卒という高学歴一家。その中で、安倍晋三氏は成蹊《せいけい》大卒で学歴コンプレックスを抱えていると指摘されることもありました。(※1) 父の秘書を務めた時代も、祖父や父と比べられて、嫌な思いをしたこともあるでしょう。

このようなコンプレックスが、政治家が権力を目指す原動力になります。いつか権力を取って見返してやるという思いを募らせるのです。

安倍氏が所属していた清和会（清和政策研究会、安倍派）は自民党史において、長く非主流派に甘んじてきました。田中角栄氏や竹下登氏、小渕恵三《おぶちけいぞう》氏らを輩出して武闘派と呼ばれた経世会（平成研究会、茂木派）と、池田勇人氏や大平正芳《まさよし》氏、宮沢喜一《きいち》氏らを輩出し、お公家集団と呼ばれた宏池会《こうちかい》（岸田派）に権力の中枢を奪われ、冷飯を食わされてきたのです。

清和会は今世紀に入って小泉純一郎氏や安倍晋三氏ら長期政権を築く首相が現れ、自民党を支配するようになりましたが、それでもなお、日本政界を牛耳ってきた経世会や宏池会、官界に君臨してきた財務省や外務省、マスコミ界を主導してきたＮＨＫや朝日新聞など「戦後日本のエリート層」を敵視する風潮があります。自分たちはずっと虐《しいた》げられてきた、権力を奪った以上は報復したい、といった報復の感情が長らく清和会を覆《おお》ってきたのです。

一方、権力から遠く離れた貧しい環境で育ち、権力に憧れて、のし上がってきた叩き上げの政治家も少なくありません。新潟の貧しい農家に生まれ、尋常高等小学校卒から総理大臣に上《のぼ》り詰めた田中角栄氏はその代表例です。秋田から上京して政治家秘書、横浜市議を経て国会議員となり首相にのし上がった菅義偉《よしひで》氏もこのタイプです。権力への執念を燃やした彼らの原動力は恵まれた環境に生まれた者たちに対する強烈なコンプレックスであり、階級格差や貧富の格差に対する激しい憤《いきどお》りだったのではないでしょうか。

海外では、政治家をどう捉えているのか？——性善説と性悪説——

裏金問題が浮上してから、国民の政治に対する不信感は増大しました。これまでにも、「政治とカネ」の問題は繰り返されてきました。それでもこの問題が、いっこうになくならなかったのは、ここまで示してきた通りです。

汚職は、何も日本だけで起きているわけではありません。どこの国にもあります。たとえば、二〇二四年のアメリカ大統領選で再び共和党の大統領候補に指名されたドナルド・トランプは、二〇一六年の大統領選を有利に戦えるように不倫関係を隠蔽《いんぺい》する目的で口止め料を支払い、その支払いを隠すために事業記録を改竄《かいざん》した罪で、二〇二四年に有罪になりました。

二〇一七年には韓国の朴槿恵《パククネ》元大統領が汚職スキャンダルで弾劾《だんがい》されて、後に刑事裁判で有罪判決を受けました。

二〇二二年一二月には、当時アルゼンチンの副大統領で大統領経験者でもあったクリスティナ・フェルナンデス・デ・キルチネルが、道路工事の契約に端を発する汚職で禁錮六年の判決を言い渡されています。

それでも海外に比べて日本の政治が未熟だと思う点は、政治（家）を性悪説で見るか、性善説で見るか、ということと関係している、というのが私の見方です。

私の高校の同級生に、立憲民主党の小川淳也《じゅんや》議員がいます。小川氏は、大島新《あらた》監督のドキュメンタリー映画作品『なぜ君は総理大臣になれないのか』や『香川１区』で描かれたことでも知られていますが、実直で、お金にもクリーンであり、そこが有権者にも支持されています。

しかし、日本では金にクリーンなことが政治家にとってＰＲ材料になるのですが、これは政治学のグローバルスタンダードであるとは言い切れません。というのも、海外では、政治という制度は、そして政治家は、すべては悪い（奴）と捉《とら》えられています。つまり、性悪説に立脚しているのです。どんなピュアな政治家でも、権力者になったら必ず腐敗する。世界では、そうした前提で、政治・政治家を見ています。

人間は弱い生き物です。権力は、どんな聖人君子でも豹変《ひょうへん》させてしまう恐ろしい魔物です。総理大臣になれば、みんなが毎日「総理！」と寄ってきます。総理大臣までならなくても、国会議員になれば、朝から晩まで「先生！」と呼ばれるようになり、周囲はゴマをする人ばかりになります。

こうなると、どんな人でも、自分が王様になったような気分になるでしょう。誰もが勘違いをしてしまうのは、ある意味で仕方がないことです。そして、ピュアな人でも、どんどん高慢《こうまん》になっていく。

フランスのナポレオンも、最初は、社会を変えてくれる革命家、ということでフランス国民は絶大な支持をしました。ところが皇帝に就任すると、支持者から独裁だという不満が噴出します。

世界的に独裁者として認識されているドイツのヒトラーも、クーデターを起こして強引に権力を掌握《しょうあく》したわけではありません。ヒトラーはきわめて民主的な方法で権力の階段を一歩ずつ上りながら、権力を自分に集中させていき、独裁政権を完成させたのです。

これらのヨーロッパの歴史から見ても、誰でも権力を持ったら悪い奴になることは明らかでしょう。

誰でも権力を持たせると危ない。しかも長く持たせたら、必ず腐敗する。その視座によってできたのが、権力者が自分の思うがままに振る舞えるようにするのではなく、権力の行使を憲法で制限するといった考え方です。それが「立憲主義」と呼ばれるものです。あのアメリカでさえ、大統領は三選できない仕組みになっています。それは権力の集中を事前に防ぐ、人類の知恵です。

政治談義で、「野党は与党と同じことをいっているんだから、政権交代する意味がない」とか、「政策の良し悪しで政権交代をすべきだ」といわれることがあります。しかし、**政権交代でいちばん重要なのは、権力を握る人が変わること**です。仮に政策がまったく同じであっても、人間が変わるだけで、腐敗を防ぐことができる。こうした政治の腐敗を防ぐシステムは、「政治とカネ」といった問題を起こさないようにすることにもつながります。

そういうことから、政権交代が比較的容易だとされる二大政党制の議論をすべきでしょう。

二大政党制の弊害——アメリカとイギリスで起こったこと——

アメリカやイギリスは長らく二大政党制となっています。アメリカは民主党と共和党、イギリスは労働党と保守党という構図です。

アメリカは共和党が資本家を支持層に取り込んでいました。民主党は労働者（労働組合）からの支持が厚いという構図がありました。イギリスでいえば、保守党が経済界を支持層につけ、労働党はその名の通り労働者（労組）寄りでした。つまり、もともとは労働者か使用者かの対立が、二大政党制を生み出したのです。

こうした二大政党制の特徴は、政権交代が起こりやすいという点です。これは、政治の腐敗を防ぎやすいというメリットがある。

一方、二大政党制の弊害としては、文字通り、二つの政党が権力を握ることにあります。

もともと、資本家を支持する政党に献金していた経済界ですが、「政権交代が起こった際、法人税を上げられたり、富裕税を導入されたりしたら困る」と気づき、ライバル政党にも献金するようになりました。一九九七年にイギリスの首相に就任した労働党のトニー・ブレアは、支持者の労組だけでなく経済界とも付き合っていくと宣言しました。

イギリスが発端となり、アメリカのウォール街もロンドンのシティも、二大政党の両方に献金をするようになりました。これにより、どちらの政党が選挙に勝っても、自分たちにプラスになる政策を作ってもらえる仕組みができあがります。

政党がたくさんあると、それだけお金を寄付する先が増えてしまいます。これは財界にとっては面倒ですし、金額も増えてしまいます。

一方、政党が二つしかなければ、与党を一〇とすれば、野党に八、といった具合に献金額を差配する。政権交代が起こったら、これを逆にすればいいだけです。つまり、**二大政党制ほど、財界がコントロールしやすい政治体制はありません。**

これは二大政党政治の非常にマイナスな面です。アメリカでは共和党が勝っても、民主党が勝っても規制緩和が進むようになり、資本家は困らなくなりました。民主党のオバマ大統領は日本ではリベラルのスーパースターのように報じられましたが、実は経済界とも親密な関係を築き、教育をはじめさまざまな分野で規制緩和を進めました。人権問題や外交安全保障ではリベラルな姿勢を示しましたが、経済政策ではむしろ格差を拡大させた新自由主義者と指摘されることもあります。

財界が二大政党の両方を支配したことで、行き着いたのは「政治は財界の味方であり、一般庶民が切り捨てられた」という現実です。日本はその二大政党制すら実現していないのですが、二大政党制にはこのような問題も起こっていることを認識すべきでしょう。これは「政治とカネ」問題が根深い日本にとって、決して楽観視できることではありません。

二大政党制のデメリットが知れ渡ってきた近年は、西欧でも、第三極と呼ばれる新たな政党に注目が集まるようになりました。

たとえば、イギリスでは自由民主党が第三極として勢力を伸ばしています。二〇二四年の総選挙では、六一議席増の七二議席を獲得。党としての最多記録を更新しました。

イギリスで躍進しているのは自由民主党だけではありません。二〇二四年の総選挙では少数政党が存在感を発揮し、リフォームUKという新興政党は獲得した議席数は五議席でしたが、得票率が一四・三%もあり、これは自由民主党を上回って第三位です。(※2) 脱二大政党制の流れはメディアにも波及し、総選挙前には七政党の代表による討論会もテレビ放送されました。

欧米各国も、今は手探りで、理想の政治の形を探っている状況なのです。

国民は企業・団体以上に政治家に「見返り」を求めるべき

企業・団体が政治献金をするのは、「政治理念に共感したから」「世の中を良くしたい」という純粋な思いからだけではありません。もちろんそのような場合もあるでしょうが、たいがいは、「見返り」を求めているからです。政治献金をすることで政治家を味方に取り込み、税制や予算、規制緩和などの政策を、みずからに有利になるようにしてもらおうと考えているのです。

このような政治家と業界の癒着《ゆちゃく》を阻止するために、企業・団体献金の代わりに国民が薄く広く政治活動にかかるお金を負担しようという考えのもと、公費を政党に投入する政党助成金制度が導入されました。けれども、企業・団体献金は完全に禁止されず、現在は企業・団体献金と税金による政党交付金（政党助成金）が共存するという、政治家にとっては都合のいい制度になっています。

私たち一般国民は、赤ちゃんを含め一人二五〇円の税金が政党助成金に使われていますが、**自分のお財布から政治献金を直接出していません。そのため、企業・団体のように「見返り」を求める意識が少ないように感じます。そのように控えめな態度が政治家に軽**

んじられる原因になっています。堂々と「もっと現金給付しろ!」「社会保険料を安くしろ!」などと見返りを求めて声を上げていいのです。政党には巨額の税金が投入されているのですから、私たち国民には企業・団体以上に政治家たちに「見返り」を求める権利があるのです。

そもそも政党助成金がなくても、私たちは主権者として、政治家たちに政策実現を迫る権利があります。何も「社会をよくするため」「グローバルな視野を持って」というような崇高な理念がなければ政策要求できない、ということはないのです。自分自身の暮らしを楽にしてくれる政策を掲げる政党や政治家に、自分の清き一票を堂々と投じていいのです。やましいことは何もありません。私たちは主権者です。堂々と自分の要求をぶつけていいのです。

幅広い国民からさまざまな要求を受け取り、そこからどう利害を調整するのか、みんなの合意形成をどう進めていくのかが、政治家の仕事なのです。

「政策論争至上主義」では見えない、民主主義の本来の姿

都市部のサラリーマン世帯で育つと、政治家と関わる機会はほとんどありません。ですから「見返り」という発想はほとんど生まれてこないでしょう。そこで社会全体の視点から「政策論争がいちばん大切だ」と考えるようになります。

しかし、実際に政治家たちと関わっている人々は、そうは考えません。社会全体を考えた一般的な政策論よりも、建設、農業、福祉、教育など自分の仕事や生活に密接に関わる個別の補助金や税制、規制に関心があるのです。ですから、天下国家を論じる政策論争よりも、個別具体的な政策について、政治家に陳情します。それを受け入れてくれる政治家に献金し、選挙では一票を投じます。

このような人々を、政治家に関わりを持たない人々は「癒着だ」と批判するかもしれません。しかし、自分の利益に沿った政治や行政を進めてくれる人を応援するのは、民主主義が想定した現実世界なのです。

政治家の口利きがものをいう代表例は、県営住宅や市営住宅への入居でしょう。議員が陳情を受けて、役所に対し「このおばあちゃんは、ひとり暮らしで、足が悪くて、どこへ

も行けない！　見捨てるんですか！　抽選に落ちたら、死んじゃうかもしれませんよ！」と迫ることで、優先的に入居できるというケースは全国のあちこちで見られます。政治家と関わる人々と関わらない人々の間で、明らかな不公平がまかり通っているのは、歴然とした事実です。

政治家にも国民にも厳格なモラルを求め、崇高な理念や理想を掲げて大所高所《たいしょこうしょ》の議論を重ねることが民主主義の本質ではありません。もちろん政治資金をめぐるルールはとても重要です。けれども、政治家と関わりを持って陳情を繰り返す人を責めるよりも、一人ひとりが政治家ともっと関わって、自分の役に立ってくれる政治家を資金面からも選挙でも応援するほうが、実は民主主義の本来の姿なのではないかと私は思います。

アメリカの大統領候補者が、寄付金額を公開する理由

裏金問題で政治資金パーティーそのものが憎悪の対象になっていますが、海外でも政治にはお金が必要だとの認識はなされています。そして、さまざまな方法で政治家はお金を集めています。寄付も行われていれば、日本でいうところの政治資金パーティーのような

ものも行われていますし、選挙に関する公的助成も行われています。

ここで、アメリカの政治資金システムを見ていきたいと思います。

アメリカは、日本と異なり、寄付の意識が高く、それゆえに政治に対しても献金をする文化があります。献金と聞くと現金を集めるイメージが強いですが、諸外国ではクレジットカードや小切手による献金も普及しています。アメリカは一〇〇ドルを超える寄付は現金ではなく小切手等で行わなければなりません。(※3)

アメリカの大統領候補者は、政治委員会という運動組織を設立します。そこに会計係を置き、連邦選挙委員会（ＦＥＣ）に届け出るのです。登録が済めば、政治資金を集められるようになります。日本でいうところの、政治団体と思えばいいでしょう。候補者だけでなく、政党も政治委員会を作ります。

政治資金の使途報告書は、毎月、もしくは三ヵ月ごとにＦＥＣに提出されます。(※4)提出された報告書について、ＦＥＣは四八時間以内（電子的に提出されたものは二四時間以内）に、ＦＥＣのサイト（https://www.fec.gov）で一般公開しなければなりません。**収支報告書がそのまま写真のようにＰＤＦ化して公開される日本と違い、データベース入力も迅速にされるようになっています。そのため、インターネット上での検索も可能。**なお、二〇〇ドルを超える支出をした場合、その相手方と金額が公開されます。日本と比べて、透明性は極めて高いといえます。

ちなみに、アメリカでは候補者自身も、積極的に寄付金額を公開する姿勢を取っています。これは、寄付金額を公表することで「私には、これだけ多くの寄付が集まっている」ということを誇示し、それを勝ち馬に乗ろうとする有権者が見て、さらに寄付が集まるというバンドワゴン効果を狙っているからです。実際、寄付を多く集める候補は選挙に勝ちやすい傾向があり、二〇〇四年から二〇二〇年までの五回の大統領選でも、資金（後述する、自身を応援するスーパーPAC含む）の多い候補が四回勝っています。資金が多くて負けたのは、二〇一六年のヒラリー・クリントンのみでした。(※5)

実質的調査権がある連邦選挙委員会と、それがない選挙管理委員会

また、FECは、実質的な調査権がある独立機関です。彼らには収支報告書の会計検査の実施や調査を行う権限があり、違反行為には民事罰としての過料を科す権限もあります。悪質な場合は、刑事事件として立件すべき対象として司法省に送致することも可能で

す。

日本の場合、収支報告書は総務大臣か都道府県の選挙管理委員会に届け出ますが、そこには形式的な監査権しかなく、実質的な調査権がありません。違反があった場合は、公正取引委員会のように独立して調査する権限はなく、この点も、日米の大きな違いです。

また、日本のような企業や業界団体による寄付は原則禁止とされており、個人献金のみとなっています。**個人献金の上限は、各候補者の政治委員会には選挙ごとに三三〇〇ドル**。民主党、共和党の党内指名を目指す予備選と本選は別とされ、それぞれ同額まで献金することができます。収支報告書に記載されない二〇〇ドル以下の少額献金が、直接的な寄付額の三割から五割を占めており、寄付の意識は高いといえるでしょう（※6）。

具体的に、二〇二〇年のアメリカ大統領選挙で見てみましょう。民主党のジョー・バイデンが集めた選挙資金額一六・二億ドルのうち、主に個人献金による選挙陣営の財源は一〇・四億ドル、共和党のドナルド・トランプが集めた選挙資金額一〇・九億ドルにおいては同七・七億ドルとなっています（図表7）。

これらの金額の多くは、テレビ、ネットのメディア広告に消費され、その内容は自身の政策のアピールだけでなく、対立候補のネガティブ広告にも利用されます。第一生命経済

図表7　2020年のアメリカ大統領選の政治資金の構造

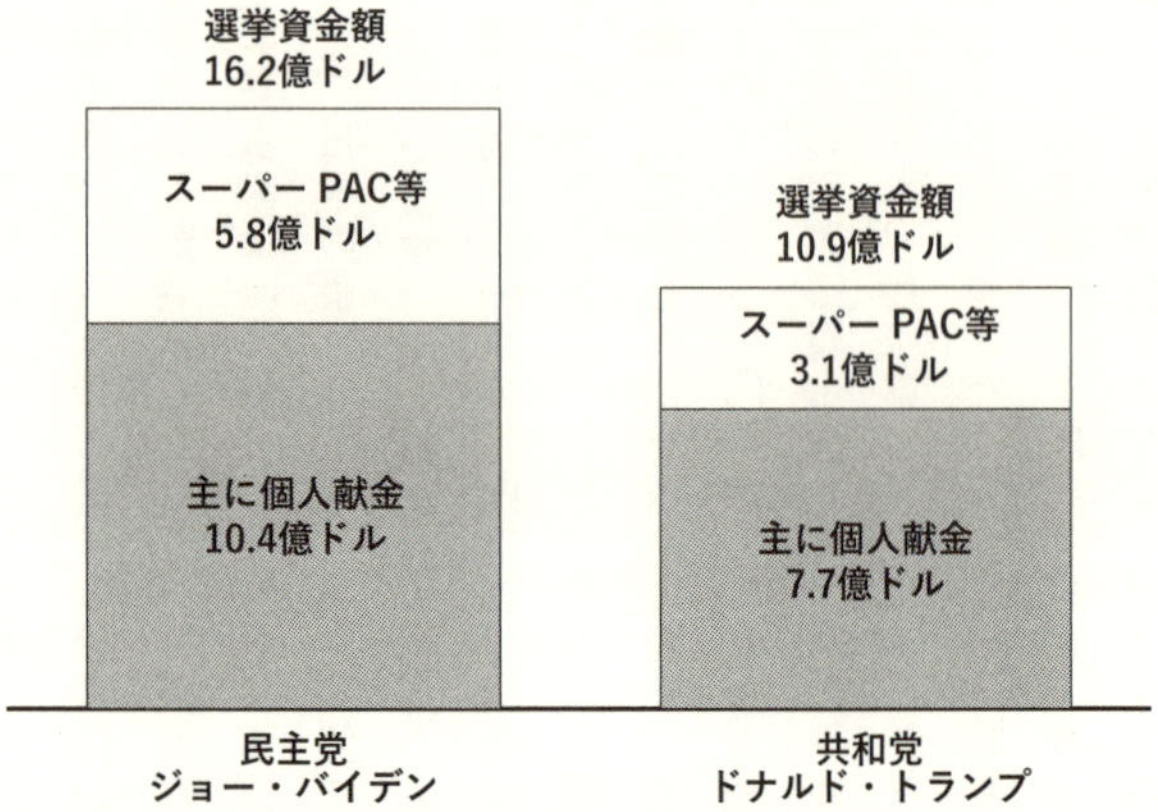

（参考・第一生命経済研究所「徹底解剖！アメリカ大統領選2024(6) ～選挙に必要なお金～」［経済調査部主任エコノミスト・前田和馬］ URL=https://www.dlri.co.jp/report/macro/333802.html）

研究所の経済調査部主任エコノミスト・前田和馬氏によれば、二〇二〇年選挙における各選挙陣営の資金使途を見るとバイデンの資金支出額のうち七九・三％、トランプでは同六八・四％が、それぞれメディア費用に充てられたようです。二〇二四年の大統領選に出馬したトランプは、この献金の一部を自身の刑事裁判費用に割り当てたことも知られています。

アメリカ政治を操るＰＡＣとは？

アメリカでは、企業や業界団体による寄付は原則禁止といいましたが、政治活動委員会（ＰＡＣ）を通じた寄付は可能とされています。ＰＡＣとは、企業、労働組合、事業者団体、一般市民グループなどが設立することができ、ＦＥＣに届け出て、登録する必要があります。登録すれば、個人から活動資金を募ることができ、集めた資金は、政治家への献金や広告などへ支出されます。(※7)母体となる企業の役員、株主などから個人献金を集め、特定候補に献金することも可能なので、これを実質的な企業献金と見ることもできます。個人は、ＰＡＣへの寄付に対しては、年間五〇〇〇ドル以下まで認められています。

二〇一〇年、連邦最高裁判所が、政治家から独立して活動する団体への寄付を制限する法律について、言論の自由を理由に違憲と判断しました。これにより生まれたのが、特別政治活動委員会（スーパーＰＡＣ）と呼ばれます。

スーパーＰＡＣは、表向きは各候補から独立しており、献金額の上限がなく、原則的に献金者を公表する必要もありません。献金すると税制上も優遇されるため、富裕層からの政治献金の受け皿になっています。二〇二四年七月、世界的起業家であり、大富豪のイーロン・マスクが、トランプの支持を打ち出し、毎月四五〇〇万ドルを献金する予定だと報じられました。(※8)この献金先が、スーパーＰＡＣとされています。

スーパーＰＡＣは、特定候補者への投票の呼びかけなど、候補者と直接連携した「選挙

活動」は禁じられているものの、政策の主張や相手候補への批判などの「政治活動」は認められています。このことから、献金の多くが、対立候補のネガティブ広告をテレビやラジオで流す費用に使われるのです。(※9) 直接連携した「選挙活動」は禁止となっていますが、実態は、特定候補者と連絡を取り合い、その候補者を実質的に応援しているのです。

このスーパーPACは、選挙戦を左右するほど大きな存在になっています。これは、選挙は資金力で左右されていることを示し、アメリカの「政治とカネ」の問題点とされています。

政治資金の透明性の確保よりも、規制を重視するヨーロッパ

一方、アメリカと同じように自由主義をうたっているヨーロッパは、事情が異なります。アメリカの場合、透明性を高めることで、後は有権者に判断させるのが原則になりますが、ヨーロッパは規制を強化する発想が基本といえます。長い歴史から、フェアな戦いにしないと、政治が形骸化するという考えが根底にあるのではないでしょうか。ヨーロッパではGAFAへの規制、SNS規制、アプリ規制が厳しいことでも知られていますが、

これもヨーロッパの基本的な発想が関係していると思われます。

ここでは、イギリス、フランス、ドイツについて見ていきたいと思います。(※10、11、12)

イギリスの場合は、候補者や政党に対する寄付の上限は、設けられていません。一方、寄付が許容されるもの以外からの寄付は認められていません。**個人においても、選挙人名簿に登録する必要がある**のが特徴です。政党や候補者は、寄付が許容されるものかを確認する目的であれば、無料でこの選挙人名簿のコピーを入手できます。ただし、政党に対しては五〇〇ポンド以下、候補者に対しては五〇ポンド以下の寄付は、規制対象の寄付ではないものと見なされるので、選挙人名簿に登録していなくても少額寄付は可能です。

また、企業や労働組合などの団体献金もできます。ただし、それぞれ制限が課されます。**企業が五〇〇〇ポンド超の寄付をする場合は、事前に株主総会などの承認決議を受ける必要があります。加えて、一事業年度における二〇〇〇ポンド超の寄付は、寄付先と金額を取締役報告書に記載しなければなりません。**労働組合の場合は、個別に設置する政治基金を通じて、寄付を行わなければなりません。この**政治基金の設置は、組合員の秘密投票による承認決議を必要とするうえ、一〇年ごとに同承認決議が必要になります。**

政党やその政治資金団体に対して企業献金が認められている日本では、寄付の報告は、受けた政治団体にこそありますが、寄付をした企業側にはありません。これは政治資金パーティー券の売上のキックバック・裏金化事件でも、問題視されました。政治資金収支報告書の記載・公開が義務付けられた政治団体だからこの事件が発覚したのですが、企業にはそもそもこれらが義務付けられていません。政治資金パーティー券を買ったかどうかは、買ってもらった政治団体が収支報告書に記載していなければ、外部からチェックすることができないのです。また、労組の寄付については、組合員の秘密投票による承認決議も必要とされていません。その点で日英の違いがあります。

また、**政治資金、選挙運動費用の透明性・健全性を確保するために、独立機関の選挙委員会が設置されています。監視のために情報提供を受けることや施設を訪問することができ、法令違反を疑う合理的な理由があれば、調査を行うこともできます。そして法令違反に対しては、二万ポンドを上限とする制裁金を科す権限もあります。**

イギリスには、日本と同様、政党への公的助成制度があります。**二人以上の下院議員を有する政党に、政策立案の使途に限定した補助金が、配分されます。しかし、その金額はわずか二〇〇万ポンド。**一ポンドを一五〇円から二〇〇円で換算すれば三億円から四億円ですから、日本の政党助成金とは桁が違います。このうち一〇〇万ポンドは均等に、残りの一〇〇万ポンドは獲得投票数に応じて配分されます。

また、**野党に対する支援があるのも特徴的**です。議会の野党会派に対して、活動補助等の資金が支給されます。下院の野党会派に支給されるのが「ショート・マネー」と呼ばれるもので、二〇二三年度の支給総額は約一〇七三万ポンド。上院の野党会派に支給されるのが「クランボーン・マネー」と呼ばれるもので、同一三六万ポンドになります。

フランスのCNCCFP、ドイツの連邦議会議長の権限

フランスの場合は、寄付について、個人は、候補者に対しては選挙ごとに四六〇〇ユーロ以下、政党・政治団体に対しては年間七五〇〇ユーロまでとされています。

政治家の一つの政治団体に対して年間一五〇〇万円まで、政党やその政党が指定する政治資金団体に対しては年間二〇〇〇万円まで寄付が可能な日本と比べると、金額上限設定は低いといえます。フランス政治に詳しい高崎経済大学地域政策学部教授の増田正氏によれば、選挙にかかる費用は日本よりもずっと低いようです。(※13)

日本と同じく、政党への公的助成制度があり、二〇二四年の総額は約六六四四万ユー

ロ。一ユーロを一七〇円と換算すれば一一二億円を超えるので、イギリスに比べれば高額ですが、日本の政党交付金に比べると、少ないことがわかります。

政治資金を監督する独立機関である、選挙運動費用収支報告及び政治資金全国委員会（CNCCFP）が設置され、報告書に違反が発見された際は、当該政党、政治団体から国庫補助受領資格及び寄付金等にかかる税優遇を最長三年間剥奪《はくだつ》することができます。

ドイツの場合は、企業献金を禁じられていないものの、個人献金が活発で、党費の収入も政党にとって大きいのが特徴的です。これは、個人が献金したり党費を納めたりすると、税制上の優遇措置があるうえ、**個人献金を多く集めるほど、国から政党への助成金が増える仕組みを採用しているため**です。[※14] この政党上への国庫補助の二〇二四年の年間限度額は、約二億一九二四万ユーロ。日本の政党交付金を上回る限度額の範囲で分配されています。

政治資金の監督機関としては、連邦議会議長があり、報告書で不実の記載があれば、当該政党に意見表明を求められます。それでも疑義が残れば、議長の選定する経済監査士などに監査を委託することも可能。そして不実の記載があれば、議長は政党に対して、対応する二倍の額、法律に違反して寄付を受領した場合は、その三倍の額の支払いを義務付け

ることができます。

以上、欧米の政治資金の制度をざっくり見てきました。欧米でも「政治とカネ」の問題は起こっており、一概に日本より優れているとはいえません。しかし、アメリカにおける政治資金の透明性、イギリスにおける規制、また諸外国の監査機関の実質的な調査権などは、日本の政治資金制度を考えるうえで、参考になるでしょう。

加えて、日本の議員は、そもそも給与が高いという指摘もあります。これについては、週刊朝日が、二〇一九年時点の国会議員の給与を当時の日本円に換算して報じています。それによれば、アメリカが一九一四万円、イギリスが一一二六万円、フランスが一〇八五万円、ドイツが一四六六万円です。対する日本は、月給とボーナス含め二一八一万八〇〇〇円でしたから、たしかに高いのです。

さらに日本のように、非課税なうえ、使い切らなくても返還する必要のない、議員個人の経費とされる調査研究広報滞在費（旧文通費。月一〇〇万円）といった制度は、諸外国にはありません。経費は実費精算であり、使途も公開されます。[※15]

こういったことから、やはり日本の「政治とカネ」は、外国と比べても問題山積みといえるのではないでしょうか。

野党はなぜ政権交代できないのか

ここからは「私たちは選挙にどう向き合うべきか」を提案し、本章を終えたいと思います。

日本において投票権は、私たち国民が手にしている権利です。義務ではありません。しかし、投票率の低下を踏まえ、投票の義務化を訴える人々もいます。実際に世界にはオーストラリアやベルギーのように義務投票制を採用している国もあります。

しかし、私は投票義務化には慎重な意見です。

そもそも政治は「困っている人々」のためにあると私は考えています。今の暮らしに満足していて、将来にも不安を感じない人々が政治に関心を持たず、わざわざ選挙で投票に行かないのは、むしろ自然なことなのではないでしょうか。

現状の暮らしに満足している人が多く、将来に不安を抱いていない人が多いとすれば、裏を返せばそれは政治がそれなりに機能していると評価できると思います。その結果、投票率が下がり、現政権が継続したとすれば、それも民意が示されたといえるのではないでしょうか。

今の暮らしに困っていない人が選挙に行かず、今の政治に不満を抱いている人だけが投票に行けば、投票率が下がっても政権交代が起きるでしょう。その結果、今の暮らしに不満を抱いている人々に手を差し伸べる政策が実行されることになります。それこそ、選挙で代表者を選ぶ間接民主主義が想定した世界なのではないでしょうか。

問題は、今の社会で苦しい立場を強要され、今の暮らしに満足せず、将来にも不安をいっぱい抱えているのに、政治をよく知らず、あるいは政治に期待できず、投票権を放棄している人が極めて多いことです。せっかく投票権を持っているのに、それを行使して、自分たちを救う政策を政治家たちに迫り、実現させることをあきらめてしまっているのです。これはもったいない。

このような人々に「投票に行くのは国民の義務です」「あなたは投票に行くべきです」「なぜ政治に関心を持たないのですか」「政治に関心を持って世の中を変えていきましょう」などと上から目線で訴えても逆効果です。逆に「投票に行きましょう」「投票に行かなければあなたが損をしますよ」「投票に行っている人だけが得をしているのですよ」と訴えるのは、とても効果的だと思います。

投票権を義務と考える人々は「私たち市民は、この世の中を良くするために、全員が必ず投票しなければならない」という崇高な理念が先行します。こうした立場からは「みずからの利益を得るために投票に行く」という立場は私利私欲の追求に過ぎず、容認できないのかもしれません。しかし、そのような**崇高な理念を優先できるのは、恵まれた環境にいる人がほとんど**です。多くの庶民は、崇高な政治理念よりも、日々の暮らしに懸命です。日々の暮らしを少しでも良くしてくれるのなら、政治に関心を持ちますが、崇高な理念について突き詰めて思考する余裕はありません。

政治は大衆のものです。一人ひとりが自分自身の暮らしを最優先に考え、政治家たちが自分に何をしてくれるのかという視点で政治を眺めていいのです。**どんなに崇高な理念も、日々の暮らしという現実には太刀打ちできません。**野党はその原点を見つめ直さない限り、政権交代はなかなか起きないと私は思います。

憲法に書かれている「国民主権」「平和主義」より大切なこと

どんな人でも、権力者になると傲慢《ごうまん》になっていきます。私はそのような政治家をたくさん見てきました。毎日「先生！」と呼ばれ、雑務はすべて秘書がやってくれ、命令しても誰も反論せず、批判的な人は近寄ってこない。このような生活を一年も送れば、人は勘違いするものです。秘書や職員に対する政治家のパワハラが後を絶たないのは当然でしょう。

ましてや総理大臣のような最高権力者になると、その傲慢さは比べものになりません。総理大臣であれば、巨額のお金を動かすことも、他人の人事に介入することも、いとも簡単です。政治家や官僚、経済人らはひれ伏し、すり寄ってきます。この環境で、誠実さや謙虚さを持ち続けるほうが難しいかもしれません。

権力者が暴走しないように、権力者のモラルや倫理に期待するのは、どだい無理な話です。権力者は必ず腐敗する、傲慢になる、そして暴走する――そのような性悪説に立つのが、立憲主義という考え方です。権力者が暴走できないように、あらかじめ「憲法」というルールを作って手足を縛り上げておく。具体的には、国会（立法）、内閣（行政）、裁判所（司法）に権力を分散させる。あるいは、権力者を批判する「言論の自由」を保障する。

このような憲法の規定は、権力者が暴走して、私たちの基本的人権を抑圧することを防ぐことに最大の目的があるのです。

学校で日本国憲法を最初にならったときに、三原則を叩き込まれたと思います。国民主権、平和主義、基本的人権の尊重です。私は京都大学の法学部で憲法を専攻していました。その時もこの三原則に違和感を抱いたことはありませんでした。しかし長く政治記者を続け、数多くの権力者を取材しているうちに、少し考え方が変わってきました。三原則を横並びで考えることがしっくりこなくなったのです。

マスコミや市民団体が「憲法は大切」というときに、よく取り上げるのは「国民主権」と「平和主義」です。けれども、実はいちばん重要なのは「基本的人権」なのではないでしょうか。憲法の究極の目的は、一人ひとりの基本的人権を守ることにある。「王様の独裁政治」より「国民主権」のほうが、基本的人権が侵害されない可能性は高い。戦争が続くよりは平和が守られているほうが、基本的人権が守られるのは当たり前です。**「国民主権」も「平和主義」も、「基本的人権」を守るための手段と見なせます。**

ちなみに、**民主主義と立憲主義は対立概念**でもあります。民主主義は最終的に多数決で物事を決します。もちろん合意形成に努める必要はありますが、全会一致を原則にすれば政策を前に進めることができません。どこかで多数決をとるしかない。その代表例が選挙です。その過程で少数意見がかき消される恐れがある。

それを救うのも立憲主義です。**立憲主義は、一人ぼっちになっても、みんなが反対意見**

になっても、その人の基本的人権を守ることを憲法が保障するという考え方です。つまり、多数決で敗れた少数派を保護する仕組みなのです。

民主主義と立憲主義は、ともに大切です。お互いに補い合いながら、社会を健全にしていく車の両輪といえるでしょう。

巻末　参考文献一覧

第1章

※1　朝日新聞デジタル２０２４年４月26日「参院が市井紗耶香氏の議員辞職許可　在職わずか93分で戦後最短」
URL=https://www.asahi.com/articles/ASS4V11DTS4VUTFK006M.html

※2　ＮＨＫニュースウェブ２０２３年11月17日「特別職の国家公務員の給与引き上げ　改正給与法が可決・成立」
URL=https://www3.nhk.or.jp/news/html/20231117/k10014261051000.html

※3　毎日新聞『政治プレミア』２０２１年12月６日「１日で１００万円 常識外れの『とても受け取れない』文通費」
URL=https://mainichi.jp/premier/politics/articles/20211203/pol/00m/010/010000c

※4　時事通信ニュース２０２４年６月21日「自民離党の塩谷氏が会派＝月65万円支給、野党は反対」 URL=https://sp.m.jiji.com/article/show/3266380

※5　公益財団法人・日本生産性本部「政治倫理の確立と政治腐敗防止に関する緊急提言～国民と政治家との新たな契約～」 URL=https://www.jpc-net.jp/research/ assets/pdf/R546attached.pdf

※6　東京新聞ＴＯＫＹＯ Ｗｅｂ２０２３年11月９日「『政治家賃上げ法案』やっと与党からも異論　首相は年収46万円アップ、でも国民向け減税は４万円だけ」 URL=https://www.tokyo-np.co.jp/article/288896

※7　産経新聞（ウェブ）２０２３年11月17日「首相ら給与増額法成立　物価高で批判、自主返納」 URL=https://www.sankei.com/article/20231117-36CFCWKUUFNGRNG4Y3JSDY72FE/

※8　一般社団法人・建設コスト管理システム研究所「特集 ＰＦＩ事業の最新動向について　衆議院及び参議院新議員会館整備等事業の紹介」（国土交通省大臣官房官庁営繕部 整備課特別整備室 企画専門官 下野博史）
URL=https://www.ribc.or.jp/info/pdf/sprep/sprep70_02.pdf

※9　プレジデントオンライン２０２３年4月20日「麹町75平米月8万円、赤坂82平米月12万円…超格安の『国会議員宿舎』はいったいなぜ必要なのか『議員宿舎』に家族と秘書しか入れない理由」URL=https://president.jp/articles/-/68749

※10　全国市民オンブズマン連絡会議２００７年3月29日「衆議院赤坂新議員宿舎アンケート結果」（全国市民オンブズマン連絡会議 代表幹事 土橋 実）URL=https://www.ombudsman.jp/akasaka-a

※11　産経新聞（ウェブ）２０２４年7月1日「国会議員所得２５３０万円　衆参平均、5年ぶり増　トップは自民・中西健治氏」URL=https://www.sankei.com/article/20240701-UYORQLFCOROUTLLTHOVCWMULQA/

※12　朝日新聞デジタル２０２０年1月17日「講演料増額、メールで相談　中国企業側が秋元氏元秘書に」URL= https://www.asahi.com/articles/ASN1J6R2XN1JUTIL01T.html

※13　令和5年「地方公務員給与の実態」第2　統計表Ⅱ［基幹統計調査関係］特別職関係　第9表～第11表（ＰＤＦ）URL=https://www.soumu.go.jp/main_sosiki/jichi_gyousei/c-gyousei/kyuuyo/pdf/R5_kyuyo_1_04.pdf

※14　時事ドットコム２０１６年10月11日「知事給与半減条例、成立〈」URL=https:// www.jiji.com/jc/v2?id=201609tosei_16

※15　東京新聞ＴＯＫＹＯ Ｗｅｂ２０２４年6月23日「改正政治資金規正法が見逃した政治家の合法的な『税逃れ』党支部寄付の『悪用』は、いつまで許されるのか」URL=https://www.tokyo-np.co.jp/article/335390

※16　朝日新聞デジタル２０２４年4月1日「２０２４年の政党交付金、9党に３１５億円　総務省が決定」URL=https://www.asahi.com/articles/ASS413CQ5S41ULFA026M.html

※17　参議院　第２０３回国会　請願の要旨　URL=https://www.sangiin.go.jp/japanese/joho1/kousei/seigan/203/yousi/yo2030185.htm

※18　会社四季報オンライン２０２４年4月3日「『自民党へ１０００万円以上の献金をした諸団体』最新13団体　断然トップは2億円の日本医師連盟」URL=https:// shikiho.toyokeizai.net/news/0/730020

※19 会社四季報オンライン2023年2月13日「最新版『自民党への献金額が大きい上場企業』トップ26社　1社を除いて日経平均銘柄が独占」URL=https:// shikiho.toyokeizai.net/news/0/651434

※20 四国電力労働組合政治連盟 政治資金収支報告書（令和5年2月14日）URL=https://www.soumu.go.jp/senkyo/seiji_s/seijishikin/contents/SS20231124/3053500019.pdf

※21 日本共産党・前衆議院議員 佐々木憲昭　2005年2月4日【政治経済キーワード】もち代・氷代　URL=http://kensho.jcpweb.net/kokkai/050204-400000.html

※22 読売新聞オンライン2023年12月30日「『派閥から還流なのに「党からの金」は無理』…議員の『政策活動費』主張に疑念深まる」URL=https://www.yomiuri.co.jp/national/20231230-OYT1T50113/

※23 中国新聞デジタル2023年5月26日「氷代・餅代『もらうときは、いつも2人きり』 被買収の石橋竜史広島市議　第2回公判詳報」URL=https://www.chugoku-np.co.jp/articles/-/311304

※24 東京新聞TOKYO Web2021年9月11日「巨額の政策活動費どう使った？　元幹事長が語る自民党、旧民主党の実態」URL=https://www.tokyo-np.co.jp/article/130126

※25 日本経済新聞（ウェブ）2023年12月1日「特定パーティー収入52億円　22年政治資金報告」URL=https://www.nikkei.com/article/DGXZQOUA01AZN0R01C23A2000000/

※26 新政治経済研究会 政治資金収支報告書（令和5年4月26日）URL=https://www.soumu.go.jp/senkyo/seiji_s/seijishikin/contents/SS20231124/1029200070.pdf

※27 志帥会 政治資金収支報告書（令和5年2月6日　令和6年1月18日経緯追記）URL=https://www.soumu.go.jp/senkyo/seiji_s/seijishikin/contents/SS20231124/3054100036.pdf

※28 しんぶん赤旗（ウェブ）2023年6月28日「安倍元首相の政治団体　妻昭恵氏が継承　残された政治資金どこへ　私人が非課税で引き継ぎ可能」URL=https://www.jcp.or.jp/akahata/aik23/2023-06-28/2023062801_01_0.html

※29 朝日新聞デジタル2023年12月2日「安倍氏の関係政治団体、昭恵氏が継いだ『晋和会』に2億円超寄付」

URL=https://www.asahi.com/articles/ASRD23TNZRCXTZNB00Q.html
※30　東京新聞ＴＯＫＹＯ Ｗｅｂ２０２４年７月12日「ＮＨＫ党の『ポスタージャック』最終的な『売り上げ』は？ 供託金はどうなった？　東京都知事選」URL=https://www.tokyo-np.co.jp/article/339466
※31　自民党２０２４年８月23日「営業・売名目的の被選挙権行使を防止　選挙制度調査会が公選法改正に向け議論」URL=https://www.jimin.jp/news/information/208897.html
※32　Ｙａｈｏｏ！ニュース２０１９年４月10日「政治家を辞めたら何をする？――若手の元議員・首長の〝社会復帰〟を助けよう」URL=https://news.yahoo.co.jp/expert/articles/525f7b72bba76512fcbcfe0944a88fe76cbdefae
※33　毎日新聞（ウェブ）２０１７年５月31日「加計学園：萩生田官房副長官も報酬　落選中に客員教授で」URL=https://mainichi.jp/articles/20170601/k00/00m/040/119000c
※34　選挙ドットコム２０２３年10月30日「議員は落ちたら『タダの人』!?　議員のセカンドキャリアとお金のリアル①（前板橋区議会議員 南雲由子）」URL=https://go2senkyo.com/articles/2023/10/30/88508.html
※35　読売新聞オンライン２０２３年４月４日「〈統一選２０２３〉社員兼議員、企業が後押し…立候補休暇・当選後に時短」URL=https://www.yomiuri.co.jp/election/local/20230404-OYT1T50146

第２章

※１　参議院　第２１３回国会（常会）質問主意書　URL=https://www.sangiin.go.jp/japanese/joho1/kousei/syuisyo/213/syuh/s213054.htm
※２　総務省　選挙公営　URL=https://www.soumu.go.jp/senkyo/senkyo_s/naruhodo/naruhodo16.html
※３　朝日新聞２０１５年５月25日夕刊「新人議員　選挙費用は党頼み」
※４　須藤元気さん @genki_sudo の２０２４年４月６日10時33分Xポスト　URL=https://x.com/genki_sudo/status/1776423030849495512

※5　須藤元気さん @genki_sudo の２０２４年４月７日12時27分Xポスト　URL=https://x.com/genki_sudo/status/1776813995032518739

※6　#安野たかひろ事務所（公式）２０２４年７月４日ｎｏｔｅ「【東京都知事選挙２０２４】選挙っていくらかかるの？ #安野たかひろの帳簿を大公開！［政治と金にも透明性を！］」　URL=https://note.com/annotakahiro24/n/nccb82392e3f3

※7　須藤元気さん @genki_sudo の２０２４年７月12日17時31分Xポスト　URL=https://x.com/genki_sudo/status/1811679727943573890

※8　ＡＥＲＡ ｄｏｔ．２０２０年３月３日「河井案里参院議員秘書３人を逮捕　決め手は『河井ルール』　本丸は克行前法相か」　URL=https://dot.asahi.com/articles/-/119710

※9　Ｊ－ＣＡＳＴニュース２００８年10月24日「最近は料亭にいかない小沢代表　お気に入りは『桃太郎すし』『庄や』」　URL=https://www.j-cast.com/2008/10/24029238.html

※10　ＮＨＫニュースウェブ２０２４年７月30日「広瀬めぐみ参院議員の事務所捜索 公設秘書給与詐取の疑い」　URL=https://www3.nhk.or.jp/news/html/20240730/k10014529251000.html

※11　ＮＥＷＳポストセブン２０２２年10月18日「岸田ジュニアだけじゃない　家族を公設秘書にして税金から給料を払わせる議員25人実名リスト」　URL=https://www.news-postseven.com/archives/20221018_1802947.html

※12　朝日新聞デジタル２０２３年12月21日「何に使う？なぜ必要　私設秘書給与・ポスター…」　URL=https://www.asahi.com/articles/DA3S15821742.html

※13　朝日新聞デジタル２０２１年４月18日「議員の人件費、あの大臣は年8千万　人数答えぬケースも」　URL=https://www.asahi.com/articles/ASP4K5QJMP3SUTIL017.html

※14　参議院　第１２３回国会（常会）質問主意書　URL=https://www.sangiin.go.jp/japanese/joho1/kousei/syuisyo/123/syuh/s123013.htm

※15　月刊Ｈａｎａｄａ２０２４年４月号「【独占告発！】誤解を恐れず敢えて言う　政治のここに金がかかる」
※16　ａｓａｈｉ．ｃｏｍ２００７年１月10日「松岡農水相、『架空、付け替えはない』　事務所費問題で」　URL=http://www.asahi.com/special/060926/TKY200701100148.html
※17　都市問題２００９年10月号「なぜ国政にはそんなにカネがかかるのか」
※18　朝日新聞デジタル２０１９年４月２日「地域の祭り、あいさつは『意見交換』　政活費から５千円」　URL=https://www.asahi.com/articles/ASM3Y4VNZM3YPLXB00K.html
※19　朝日新聞デジタル×ＡＮＮ２０１３年１月23日「民主党、衆院選落選候補に月50万円支給」　URL=http://www.asahi.com/senkyo/sousenkyo46/news/TKY201301220442.html

第３章

※1　朝日新聞デジタル２０２３年11月21日「自民５派閥、パー券収入を相次ぎ訂正　『不記載約４千万円』と告発も」　URL=https://www.asahi.com/articles/ASRCN67BPRCKUTIL032.html
※2　ＮＨＫニュースウェブ２０２４年３月27日「１からわかる政治資金事件　自民派閥　いったい何が？」　URL=https://www.nhk.or.jp/politics/articles/feature/104266.html
※3　上脇博之『検証　政治とカネ』岩波新書、２０２４年、62頁
※4　週刊朝日２０１０年２月26日号「『政治とカネ』今こそ襟を正せ　３００億円超の公費をもらって、この体たらく」
※5　朝日新聞デジタル２０２３年12月２日「政党交付金から領収書不要の支出、岐阜県内で１億円　22年分を調査」　URL=https://www.asahi.com/articles/ASRD166M7RCYOHGB009.html
※6　会社四季報オンライン２０２４年４月３日「『自民党へ１０００万円以上の献金をした諸団体』最新13団体　断然トップは２億円の日本医師連盟」　URL=https://shikiho.toyokeizai.net/news/0/730020
※7　朝日新聞デジタル２０１５年12月30日「迂回献金、法の『抜け道』　地方選挙などで相次ぐ」　URL=https://www.

asahi.com/articles/ASHDL5QG8HDLUTIL05G.html
※8 文藝春秋２０２２年３月号「自民党『爆弾男』を告発する」
※9 朝日新聞２０２４年１月25日「政策活動費 公開したら自由制約?」
※10 朝日新聞２００１年12月13日「『もち代』の支給、自民の山崎・堀内派も　会長不在でも慣習健在」
※11 朝日新聞２００４年９月10日「献金、解けぬ行き先　昨年の政治資金報告」
※12 朝日新聞デジタル２０２２年11月27日「政策活動費、見えぬ使い道　二階氏、１日１・７億円受け取りも　幹事長経験者『重点候補の資金に』」 URL=https://www.asahi.com/articles/DA3S15486191.html
※13 中国新聞デジタル２０２４年５月12日「機密費、領収書取らずに使った　民主・平野元官房長官インタビュー　主に情報収集、選挙には使っていない」 URL=https://www.chugoku-np.co.jp/articles/-/463319
※14 朝日新聞デジタル２０２３年12月４日「官房機密費『陣中見舞いにも』　河村建夫・元官房長官が明かす」 URL=https://www.asahi.com/articles/ASRD466MWRD4UTFK00T.html
※15 毎日新聞『政治プレミア』２０２１年２月24日「官房機密費１日３０７万円使い続けた菅氏 後年公表の仕組みを」 URL=https://mainichi.jp/premier/politics/articles/20210222/pol/00m/010/006000c
※16 朝日新聞１９８６年７月１日「金権千葉２区は〝重症〟　近づく投票、現地に見る（強行同日選）」
※17 朝日新聞１９８６年７月３日「『衆院千葉２区』で11人逮捕　投票日前に異例の摘発」
※18 朝日新聞１９９９年４月21日「20年ぶり当選者逮捕　県議選（金権地帯　選挙違反の構図）」
※19 朝日新聞１９９９年７月31日「『買収しません』と誓約書　千葉県東金市議補選（地方選挙メモ）」
※20 朝日新聞２００２年10月１日「『タダでは動かぬ』今も（政治とカネ　選挙の裏舞台：２）」
※21 総務省「政務活動費について」 URL=https://www.soumu.go.jp/main_content/000675283.pdf

第4章

※１　毎日新聞（ウェブ）２０２１年9月27日「官邸主導とは何だったのか　内閣人事局『生みの親』が語る安倍・菅政権」URL=https://mainichi.jp/articles/20210927/k00/00m/010/057000c

※２　朝日新聞デジタル２０２３年12月４日「【そもそも解説】機密費、年10億円・領収書不要のブラックボックス」URL=https://www.asahi.com/articles/ASRD4647BRD4UTFK00V.html

※３　しんぶん赤旗（ウェブ）２０２３年7月13日「マイナンバー　政官財の癒着　受注４社が自民党に献金５・８億」URL=https://www.jcp.or.jp/akahata/aik23/2023-07-13/2023071301_01_0.html

※４　日本薬剤師連盟　政治資金収支報告書（令和４年３月14日）URL=https://www.soumu.go.jp/senkyo/seiji_s/seijishikin/contents/SS20221125/3195300044.pdf

※５　日本看護連盟　政治資金収支報告書（令和４年３月31日）URL=https://www.soumu.go.jp/senkyo/seiji_s/seijishikin/contents/SS20221125/3179500051.pdf

第5章

※１　ＮＥＷＳポストセブン２０１９年11月18日「安倍内閣は立場弱い者に居丈高　根底に学歴コンプレックスか」URL=https://www.news-postseven.com/archives/20191118_1489401.html/2

※２　大和総研２０２４年7月26日「盛り上がりに欠ける英国の政権交代」（ロンドンリサーチセンター　シニアエコノミスト　橋本政彦）URL=https://www.dir.co.jp/report/column/20240726_012139.html

※３　調査と情報　第４５４号「欧米主要国の政治資金制度　国立国会図書館　ＩＳＳＵＥ　ＢＲＩＥＦ　ＮＵＭＢＥＲ　４５４（ＡＵＧ．４．２００４）」（国立国会図書館　調査及び立法考査局　政治議会課　桐原康栄）URL=https://dl.ndl.go.jp/view/download/digidepo_10000733_po_0454.pdf?contentNo=1

※４　アメリカンセンターＪＡＰＡＮ「早わかり『米国の選挙』－選挙資金」URL=https://americancenterjapan.com/aboutusa/translations/2990/

※5、6　第一生命経済研究所２０２４年５月２日「徹底解剖！アメリカ大統領選２０２４（６）～選挙に必要なお金～」（経済調査部主任エコノミスト 前田和馬）URL=https://www.dlri.co.jp/report/macro/333802.html

※7　日本経済新聞（ウェブ）２０２０年10月23日「ＰＡＣ（政治活動委員会）とは　個人から資金募り献金　きょうのことば」URL=https://www.nikkei.com/article/DGXKZO65352850S0A021C2EA2000/

※8　ＮＨＫニュースウェブ２０２４年７月16日「〝マスク氏 トランプ氏支援団体に約71億円献金か〟米メディア」URL=https://www3.nhk.or.jp/news/html/20240716/k10014512881000.html

※9　イミダス２０１２年11月「スーパーＰＡＣ（特別政治活動委員会）」URL=https://imidas.jp/hotkeyword/detail/D-00-307-12-11-H019.html

※10　レファレンス２０１１年12月号「英国の政治資金制度」（国立国会図書館 調査及び立法考査局 政治議会課　木村志穂）URL=https://dl.ndl.go.jp/view/download/digidepo_3196939_po_073110.pdf?contentNo=1

※11　選挙制度関係資料集（令和６年版）（令和６年３月 衆議院調査局第二特別調査室）

※12　調査と情報第１２９０号「米英独仏の政治資金制度【第２版】」（国立国会図書館 調査及び立法考査局 政治議会課長 佐藤 令）URL=https://dl.ndl.go.jp/view/prepareDownload?itemId=info:ndljp/pid/13735249

※13　朝日新聞デジタル２０２４年１月18日「遅めだった政治資金規制の導入　不正横行から透明化へフランスの歩み」URL=https://www.asahi.com/articles/ASS1K524RS1HUHBI01Z.html

※14　週刊朝日２０１０年２月26日号「『政治とカネ』今こそ襟を正せ　３００億円超の公費をもらって、この体たらく」

※15　週刊朝日２０２３年２月10日号「増税するなら議員特権３００億円以上削れ　第２、第３の給与　岸田自民の増税発言が批判される理由」

ほか、紙幅の都合でここには記載しきれませんが、全国紙、地方紙の新聞記事、週刊誌、月刊誌の雑誌記事、ジャーナリズムを担当するウェブ記事など、多くの記事を参考にさせていただきました。

制作スタッフ
構成・編集・取材協力　小川裕夫、朝川ゆうや

著者略歴

鮫島 浩（さめじま・ひろし）

1994年京都大学を卒業し朝日新聞に入社。政治記者として菅直人、竹中平蔵、古賀誠、与謝野馨、町村信孝らを担当。政治部や特別報道部でデスクを歴任。数多くの調査報道を指揮し、福島原発の「手抜き除染」報道で新聞協会賞受賞。2021年5月に新聞社を退社し、ウェブメディア『SAMEJIMA TIMES』を開設。同タイトルのYouTubeチャンネルでも、政治解説を配信する。著書に『朝日新聞政治部』（講談社）、『あきらめない政治：ジャーナリズムからの政治入門』（那須里山舎）など。

SB新書　678

政治家《せいじか》の収支《しゅうし》

2024年12月15日　初版第1刷発行

著　者　鮫島《さめじま》 浩《ひろし》
発行者　出井貴完
発行所　SBクリエイティブ株式会社
〒105-0001 東京都港区虎ノ門2-2-1
装　幀　杉山健太郎
DTP　株式会社 RUHIA
印刷・製本　中央精版印刷株式会社

本書をお読みになったご意見・ご感想を下記URL、
または左記QRコードよりお寄せください。
https://isbn2.sbcr.jp/27935/

落丁本、乱丁本は小社営業部にてお取り替えいたします。定価はカバーに記載されております。
本書の内容に関するご質問等は、小社学芸書籍編集部まで必ず書面にて
ご連絡いただきますようお願いいたします。

ISBN 978-4-8156-2793-5